AF548927

Shundō Aoyama

Zen im richtigen Leben

60 Lehren über Einfachheit, Dankbarkeit und Glück

Shundō Aoyama

ZEN IM RICHTIGEN LEBEN

60
Lehren über Einfachheit, Dankbarkeit und Glück

Theseus Verlag

INHALT

GELEITWORT

Gelöst der Körper, freundlich die Rede, heiter der Geist,
nicht ausgeliefert mehr den Dürsten dieser Welt –
so sieht die Ruhe aus, in der du dich erkennst.
DHAMMAPADA

Shundō Aoyama Roshi ... es war im Jahr 2007, als ich sie zum ersten Mal traf. Der Anlass waren die Feierlichkeiten »40 Jahre europäisches Sōtō-Zen«, die im Sōtō-Zen-Tempel »La Gendronnière« begangen wurden.

Als sie sich näherte, langsamen Schrittes, wirkte sie wie ein Berg in der Ferne, wie ein Felsen. Von Kopf bis Fuß verkörperte Aoyama Roshi das Wesentliche, eine absolute Präsenz.

Sie erzählt, dass sie den Buddhaweg im Aichi Senmo Nisodo in Japan praktiziert. Das ist eines der wenigen Dojos speziell für Nonnen, ein Schulungskloster, das sich ausdrücklich der Ausbildung von Nonnen widmet. Und sie erzählt, dass sie selbst mit fünfzehn Jahren zur Nonne ordiniert wurde.

Nach ihrer eigenen Klosterausbildung studierte sie an der Komazawa-Universität. Sie hielt Vorträge und leitete Sesshin. Und sie setzte sich mit dem Zen-Verständnis von Kōdō Sawaki Roshi auseinander, dem sie erstmals begegnet war, als sie selbst zur Sōtō-Nonne ordiniert wurde.

Im Jahr 1963, kurz vor dem Tod des Meisters, schaffte sie es gerade noch, seine letzten direkten Unterweisungen im Kloster Antaiji zu erleben. Sie verehrte ihn als den Meister ihres Lebens, sagt sie. Als er gestorben war, habe sie sich allein und verlassen gefühlt wie ein Bäumchen ohne Stütze. In dieser Lage wandte sie sich seinem Schüler Kōshō Uchiyama zu.

Ich selbst bin Schülerin eines anderen großen Schülers von Kōdō Sawaki, Taisen Deshimaru Roshi. Man nannte ihn später »Bodhidharma der Neuzeit«, weil er die Saat des Zen in Europa ausgebracht hatte. Ihm verdanke ich Tokudo, den Eintritt in den Weg.

In den Unterweisungen Aoyama Roshis fand ich diese einfache, direkte Weise wieder, die nur durch Erfahrung entsteht.

Das war alles, was ich brauchte, um mich zu entscheiden: Ich würde eine Zeitlang ins Nisodo gehen, dessen Äbtissin seit 1976 Aoyama Roshi hieß. Damals wollte ich unbedingt herausfinden, was es mit diesem Kesa auf sich hat, dem Funzo-e. Das Kesa wird aus weggeworfenen Lumpen gefertigt, aus Stoffresten, an denen Kühe gekaut und Ratten genagt haben. Was davon noch brauchbar ist, wird sorgfältig gewaschen. Diese Teile werden quadratisch zugeschnitten und dann so zusammengenäht, dass das Ganze aussieht wie ein Reisfeld.

Es war Kobun Okamoto, die uns 2007 lehrte, wie man das Kesa näht. Auch sie war Schülerin von Kōdō Sawaki, dem Meister, der auf die alten Vinaya-Regeln zurückgriff und sich dabei intensiv mit dem *o'kesa* beschäftigte.

Kōdō Sawaki sagte: »Den Kopf rasieren, das Kesa tragen und Zazen praktizieren – das ist das höchste Glück im Menschenleben.« Einfache Worte. Einfach wie die Aoyama Roshis. Die sagte bei meiner Ankunft im Nisodo zu einer meiner Begleiterinnen, die keine Nonne war und auch keine Bodhisattva: »Hier brauchst du weder Lippenstift noch Schmuck.«

Da kommt einem fast unweigerlich ein Gedicht von Walt Whitman in den Sinn, das Aoyama Roshi gerne in ihren Vorträgen zitiert:

Frauen sitzen
oder geh'n von da nach dort,
manche alt, manche jung.
Schön sind die jungen –
noch schöner die alten.

Die Kunst, zum Wesentlichen zu kommen – das beschreibt Aoyama Roshis Art besonders treffend. In ihrer Gegenwart wird einem warm ums Herz.

Entdecken Sie sie selbst – diese große Meisterin, die ruhig und gelassen in sich ruht.

Jikō Simone Wolf
Äbtissin des Kōsetsu-ji

PROLOG

Das Rauschen des Baches

Stetig und unbeirrbar ist der Gebirgsbach unterwegs ins Tal, schnell fließt er und niemals macht er eine Pause. Sein Rauschen erscheint mir wie ein Widerhall der Zeit, die unablässig vergeht.

Im »Flussbett« Universum ist es die Zeit selbst, die ohne Pause fließt. Auch Steine, Bäume, Häuser und Städte sind im Fluss, wenn auch viel langsamer. Menschen fließen und auch alles andere, was lebendig ist, bis hin zu Denken und Kultur. Das mag auf den ersten Blick unveränderlich erscheinen, doch dieser Blick täuscht uns.

Nur wir Menschen beklagen, dass alles vergänglich ist, und bemühen uns deshalb nach Kräften, die Dinge festzuhalten wie sie sind. Doch wie wir auch klagen und schimpfen – verhindern können wir nicht, dass die Dinge dahinfließen. Sehen wir die Dinge aber, wie sie sind, und fließen einfach mit, dann können wir uns über die Vergänglichkeit sogar freuen. Die Vergänglichkeit ist nämlich auch dafür verantwortlich, dass sich das Tuch des Lebens aus so vielerlei zusammensetzt.

Sobald das Zazen im Übungsraum beginnt, wird es sehr ruhig und wir nehmen klar und deutlich wahr, wie der Gebirgsbach dahinrauscht. Nach der ersten Zazen-Periode entlasten wir die Beine und setzen in der Gehmeditation langsam einen Fuß vor den anderen. Jetzt rauscht das Wasser schon leiser, und am Ende der Zazen-Übung hören wir es kaum noch. Wie kann das sein?

In Wirklichkeit rauscht der Bach immer gleich, er wird weder lauter noch leiser und von Verschwinden ist schon gar keine Rede. Doch beim Zazen kommt unser aufgewühltes Herz zur Ruhe. Dann beginnen wir die Stimmen von Wasser und Steinen, Gräsern und Bäumen, Flüssen und Bergen zu hören, und dann können wir von ihnen lernen. Sie sprechen nicht zu uns, solange der Alltag unsere Gedanken besetzt. Nicht dass sie stumm wären. Wir haben nur kein Ohr für sie, solange wir uns intensiv mit der Welt befassen.

Die Ohren sind das Eine, doch mit den Augen ist es auch nicht anders. Wenn unser geistiges Auge klar ist, sehen wir die Dinge und Wesen ganz natürlich, so, wie sie sind. Doch solange die Augen mit den Vorgängen der Außenwelt beschäftigt sind, können wir die Gegenstände nicht wahrnehmen, wie sie eigentlich sind. In diesem Fall richten wir die Aufmerksamkeit von hier nach da und von da nach dort, und das beschränkt unsere Wahrnehmung. In der Folge sehen wir nicht, was zu sehen wäre, und hören nicht, was zu hören wäre.

Versenken wir uns dann in das Rauschen des Baches und denken nicht darüber nach, dann wird es immer leiser. Wir nehmen deutlich wahr, dass der Rhythmus regelmäßig ist. Aber auch das täuscht: kein einziger Wassertropfen fällt zweimal auf den gleichen Felsen, immer neues Wasser plätschert über einen Stein. Der Bach rauscht zwar auf gleiche Weise, aber es ist nicht der gleiche Bach. Es sind nur Ohr, Auge und Denken des Menschen, die das als kontinuierlich wahrnehmen. Doch in Wirklichkeit kann das Wasser keine Stelle im Bachbett ein zweites Mal passieren.

Im menschlichen Leben ist es auch nicht anders. Wir glauben, dass Gestern und Heute dasselbe wären, aber das gaukeln uns die Ohren, die Augen und das Denken nur vor. Ein erwachtes Auge jedoch sieht, dass alles ständig im Fluss ist, und dass jeder Augenblick einzigartig ist.

ERSTES BUCH

ZUM ANDEREN UFER KOMMEN

Schön sein

Die Leute gehen in der Welt herum und ahnen gar nicht, wie unbestechlich ihr Aussehen das Leben verrät, das sie bisher geführt haben. Diese Blöße von Gesicht und Körper kann verstören, ja, Angst einjagen. Was immer wir seit dem Tag unserer Geburt gedacht, gesagt oder getan haben, Gesicht, Körper und Persönlichkeit wurden durch all das geprägt. So kann eine Person mit klarem Auge mit einem einzigen Blick unsere gesamte Lebensgeschichte erkennen.

Es war, glaube ich, der US-Präsident Abraham Lincoln, der sagte, ab dem vierzigsten Lebensjahr seien wir selber dafür verantwortlich, wie schön wir nach außen wirken. In den Jahren danach kann man nicht mehr hinter Kosmetik oder Kleidern verstecken, wie Gesicht und Körper wirklich aussehen. Es ist, als seien sie ständig mit einem unsichtbaren Meißel bearbeitet worden, seit dieser Mensch seinen ersten Atemzug getan hat.

Der japanische Dichter und Kalligraph Yaichi Aizu (1881–1956) schrieb einmal an einen Bekannten: »Mein Freund, bei allem, was ich denke und tue, bemühe ich mich um Umsicht und um Ruhe im Herzen. Meine Hoffnung ist, dass das auf lange Sicht zu einer Schönheit von innen führt.« Das berührt mich sehr und ich würde gerne auch auf diese Weise alt werden.

Ein Hauch aus dem Paradies

Ich halte inne bei meiner Gartenarbeit und betrachte einen kleinen Vogel über mir, der laut in die Stille zwitschert. Da weht ein frischer Luftzug von den Japanischen Alpen herunter und trocknet mir den Schweiß auf den Augenbrauen. In diesem Augenblick steigt Freude in mir auf, Freude am Leben und Freude an der Arbeit. Da kommt eine alte Frau und sagt im Vorbeigehen: »Der Wind ist kalt heute, nicht wahr?«

»Welches Haus kann den hellen Mond nicht willkommen heißen oder den frischen Wind?« heißt es im *Hekigan-roku* [auf Chinesisch *Bi Yan Lu,* Die Niederschrift von der smaragdenen Felswand]. Der helle Mond und der frische Wind erreichen jedes Haus. Empfindet man den Wind als frische Brise oder als herzlosen kalten Windstoß? Der Unterschied liegt nicht im Wind an sich, sondern in der Person und ihrer Wahrnehmung. Jemand hat mir gesagt, dass so ein kühler Luftzug auch »Paradieshauch« genannt wird.

Vor vielen Jahrhunderten fragte Zhouzhou den Chan-Meister Nanquan, ob er den Weg suchen solle, und Nanquan antwortete: »Wenn du das machst, bist du nicht mehr eins mit dem Weg« [*Mumonkan,* Beispiel 19]. Was wir Paradies, Reines Land, Glück, Dharma, Erwachen oder Erleuchtung nennen, können wir nie außerhalb von uns selbst suchen. Wir können es nur finden, weil es schon immer in uns ist.

Es schwappt nur, wenn es nicht voll ist

Ich war zu einer Teezeremonie in einem nahegelegenen Tempel eingeladen. Als ich dort den Raum betrat, sah ich in der Tokonoma-Nische ein Rollbild hängen. Es zeigte einen Flaschenkürbis und eine Zeile des japanischen Zen-Meisters Rōsen Takashina (1876–1968): »Es schwappt nur, wenn es nicht voll ist.« Welch hintergründiger Humor.

Wenn man einen Flaschenkürbis schüttelt, der vollständig mit Sake gefüllt ist, gibt er keinen Ton von sich. Ist aber nur noch wenig Sake darin und man schüttelt, dann schwappt das Wenige hin und her. Menschen gleichen ein wenig solchen Kürbissen. Wer sich seiner selbst wirklich bewusst ist, bleibt in jeder Lebenslage ruhig und ist nicht aus der Ruhe zu bringen. Wer dagegen geschäftig herumrennt, sich beklagt und sich entschuldigt, zeigt damit, dass er oder sie etwas mehr Weisheit brauchen könnte.

Einmal fuhr ich in einem kleinen Boot einen Fluss hinunter, da fiel mir etwas ein, was ganz ähnlich ist: Am Oberlauf ist der Fluss flach, die Oberfläche unruhig und man hört gut, wie das Wasser dahinfließt. Am Unterlauf ist der Fluss breit und das Wasser tief. Dort ist die Oberfläche sanft und ruhig und das Fließen kaum vernehmbar.

Die Worte auf diesem Rollbild kommen mir immer dann in den Sinn, wenn ich mich über etwas beklagen möchte.

Die Pferdebremse

Eines Tages sprach ich in meinem Zimmer mit einer Frau, die laut schluchzte und ständig sagte, dass sie sterben wolle. Da bemerkte ich eine Pferdebremse, die ständig verzweifelt versuchte, nach draußen zu kommen. Immer wieder flog sie mit aller Kraft gegen das Fenster, fiel benommen zu Boden, erholte sich wieder – und donnerte gleich darauf wieder gegen die gleiche Stelle am Fenster. Da fiel mir der Zen-Meister Fūgai (1568–1654) ein und ich erzählte der Frau eine Geschichte über ihn:

Ein wohlhabender Mann besuchte Meister Fūgai in dessen schäbigem Tempel in Osaka und klagte über seine Probleme. In diesem Augenblick flog eine Bremse herein und stürzte sich immer wieder auf das Fenster. Fūgai beobachtete die Bremse intensiv und wirkte, als hörte er seinem Besucher überhaupt nicht zu.

Da bemerkte der ungeduldige Geldmensch mit beißendem Spott: »Ihr scheint eine Vorliebe für Bremsen zu haben.« Da antwortete Fūgai: »Verzeihung. Es ist alles bloß so furchtbar traurig für die arme Bremse. Dieser Tempel ist berüchtigt für seine Baufälligkeit. Tatsache ist, dass es hier jede Menge Löcher gibt, durch die die Bremse hinausfliegen könnte. Sie aber rennt sich immer an ein und derselben Stelle den Kopf ein, weil sie sich darauf versteift, genau auf diesem Weg nach draußen zu kommen. Wenn sie so weitermacht, ist das ihr Tod. Aber nicht nur diese Bremse ist so zu bedauern.«

Lieben

Einmal hatte ich auf einer Reise für eine Bekannte sorgfältig ein Andenken ausgesucht. Ich schenkte es ihr und wollte ihr damit eine Freude machen. Wie sie reagierte, hatte ich nun wirklich nicht erwartet. Sie sagte nämlich: »Ich selbst brauche es nicht. Aber ich nehme es gerne an, es wird ein schönes Geschenk für jemand anders sein.« Da platzte es aus mir heraus: »Wenn ich das gewusst hätte, hätte ich es Ihnen nicht gegeben.«

Noch im Sprechen bemerkte ich meinen Irrtum. Es ist schrecklich, wenn wir im Geist etwas festhalten wollen, was wir bereits hergegeben haben. Ich hatte nicht bedingungslos geschenkt, hatte nicht sagen können: »Fühlen Sie sich ganz frei. Sie können es wegwerfen oder weiterschenken. Hauptsache, Sie haben es angenommen.«

Ich empfand Dankbarkeit und dachte: Welch ein Glück, dass ich die Lehren des Buddha hören durfte. So kann ich diesen Teil an mir erkennen, der an Besitztümern haftet. – Rabindranath Tagore hat sinngemäß gesagt: »Möge dir meine Liebe nicht zur Last werden. Ich liebe dich und ich erwarte von dir keine Gegenliebe.«

Tagore liebte und gab ohne Bedingung, und trotzdem sorgte er sich, ob er die geliebte Person womöglich belasten könnte. Ich wurde rot vor Scham, als mir bewusst wurde, wie weit ich von Tagore entfernt war.

Sich in andere hineinversetzen

Eine ältere Dame kam regelmäßig in den Tempel und sang im Tempelchor mit, und das war, wie sie mir einmal erzählte, ihre größte Freude. Eines Tages war sie nicht da. Als die Gruppe das nächste Mal Chorprobe hatte, fragte ich sie, was vorgefallen war.

»Ach«, sagte sie, »ich hatte mich gerade zum Weggehen fertig gemacht und wollte hinaus. Da kam eine Dame und wollte mich besuchen. Sie fragte, ob ich gerade hätte gehen wollen. Hätte ich Ja gesagt, wäre sie umgekehrt und heimgegangen. Nun hatte sie sich aber schon die Mühe gemacht und war hergekommen. Deshalb dachte ich, das wäre doch schade, und sagte: ›Nein, Sie kommen genau richtig. Ich bin gerade nach Hause gekommen. Kommen Sie doch herein.‹ Das tat sie, und ich konnte nicht zur Probe kommen.«

Was hätte ich in einer solchen Situation gesagt? »Es tut mir so leid, dass Sie sich herbemüht haben, aber ich bin gerade am Gehen«? Oder: »Ich bin gerade am Gehen, aber es macht nichts, wenn ich ein bisschen zu spät komme, kommen Sie doch herein«? Oder irgendeine andere Floskel, bei der ich vor allem an mich dachte? Diese alte Dame brachte mich intensiv zum Nachdenken, weil sie so taktvoll und aufmerksam war.

Wir sind uns gegenseitig Eltern, Kinder und Geschwister

Zen-Meister Bankei lebte im 17. Jahrhundert in Japan, von 1622–1693. Er war berühmt, aber entgegen der Tradition setzte er keine Zen-Koans ein. Es gibt eine schöne Geschichte über ihn:

Eines Tages kam eine Frau zu Meister Bankei und klagte über ihre Schwiegertochter. »Hmmm«, sagte Bankei, »Ist das so? Was Sie nicht sagen!« Er sog ihre Klagen auf wie Löschpapier die Tinte. Als sie fertig war, sagte er: »Vor langer Zeit waren Sie selbst Schwiegertochter. Ging es Ihnen damals nicht ganz ähnlich wie Ihrer Schwiegertochter jetzt? Betrachten Sie sie nicht als Person, mit der Sie nichts zu tun haben. Ihre Schwiegertochter bewegt sich genau dort, wo Sie früher gegangen sind, ihr Leben erweitert gewissermaßen das Ihre in die Vergangenheit.« Bankei hatte all ihre Klagen angehört und das brachte ihr Seelenruhe. Deshalb wurde sie bei seinen Worten ruhig.

Einige Zeit später kam die Schwiegertochter zu Meister Bankei und beschwerte sich über die Schwiegermutter. Bankei hörte sich wieder geduldig alles an und sagte dann: »Eines Tages werden Sie selbst Schwiegermutter sein. Betrachten Sie sie also nicht als Person, mit der Sie nichts zu tun haben. Der Weg Ihrer Schwiegermutter ist genau der, den Sie eines Tages gehen werden, und ihr Leben erweitert gewissermaßen Ihr eigenes in die Zukunft. Betrachten Sie die Sache so, dann kann man nicht so ohne weiteres darüber klagen, nicht wahr?« Bankeis Worte machten der Schwiegertochter das Herz leicht, genauso wie zuvor der Schwiegermutter. Wenn wir erkennen, dass wir alle ein- und dasselbe Leben teilen, als Geschwister, als Eltern und als Kinder, dann können wir uns in jede Person hineinversetzen, die wir kennen.

Eihei Dōgen Zenji (1200–1253), der die Sōtō-Zen-Schule gründete, hatte schon im 13. Jahrhundert eine umfassende Vorstellung davon, dass das Leben etwas Ganzheitliches ist, und da schloss er auch unbelebte Dinge ein. In seinem Buch *Tenzo Kyōkun* (Anweisungen für den Küchenmeister) zitiert Dōgen eine alte Anweisung: »Betrachte den Topf als deinen Kopf; betrachte das Wasser als dein Blut!« Er sagt außerdem: »Hüte alles, was der Gemeinschaft gehört, so sorgsam wie deinen Augapfel!« Im endlosen Meer der Dharma-Welt ist jedes Ding lebendig. Bedenke ich mein eigenes Leben als Übende der Lehren Buddhas, dann kann ich mich bemühen, wie ich will, mit diesen Vorbildern kann ich mich nicht vergleichen. Aber ich kann sehen, wo ich vor allem mich selbst im Blick habe. Andererseits: wäre ich den Lehren Buddhas nicht begegnet, könnte ich vermutlich nicht einmal das sehen.

Ohne Ich

In allen Zen-Klöstern heißt es: »Wird das Holz geschlagen – Esshalle; erklingt die Glocke – Sutrahalle.« Die Mönche werden nämlich zu den Mahlzeiten gerufen, indem auf eine dicke Holzplatte geschlagen wird, zum Rezitieren der Sutren aber mit Glockenschlägen. Was wir im Zen-Kloster als Nächstes tun, wird nicht mit Worten angekündigt, sondern mit Instrumenten. Erklingt ein Instrument, müssen die Übenden diesem Signal sofort folgen. Egal, was man gerade tut, man folgt dem Signal, auch wenn dann eine Arbeit unabgeschlossen liegen bleibt.

Diese Regel ist nur scheinbar einfach, tatsächlich ist sie ziemlich schwierig. »Nur noch ganz kurz, dann wird es noch fertig« oder »Noch ein bisschen, jetzt kann ich gerade ganz schlecht aufhören« – das sind so die Ausreden dafür, ein Signal zu ignorieren. Genau in solchen Fällen holt uns ein, dass wir erst einmal immer an uns denken. Ich sage den Übenden immer: »Diese Signale sind eine übergeordnete Sache. Wenn ihr am Totenfluss ankommt und übersetzen müsst, könnt ihr dann sagen: ›Bitte, noch eine Weile‹? Folgt den Signalen ohne Ichbezogenheit und sagt ohne Zögern Ja. Das ist die wesentliche Einstellung.«

Dōgen Zenji sagte sinngemäß: »Auch wenn ihr so ernsthaft Zazen übt, dass der Boden unter euch einbricht – wenn ihr das nur für euch tut, wird es zu nichts führen.«

Mönche und Nonnen sind gute Freunde

Der Buddha sagte: »Edle Freunde und gute Menschen sind nicht die Hälfte des Weges. Sie sind selbst der Weg.«

Dōgen Zenji sagt in einer Ansprache im *Shōbōgenzō Zuimonki:* »Zen-Übende, die auf der Suche nach dem Weg nur einen schwachen Willen haben, sollten sich mit Erfahrenen zusammentun und von ihnen lernen. Wird es schwierig oder schmerzhaft, dann sollte man um ihre Anleitung bitten.« Damit erweitert er Buddhas Aussage und dabei wird deutlich, wie mitfühlend sich Dōgen um die Laien-Übenden sorgte und sie verstand.

Der japanische Ausdruck *sō* bezeichnet die Ordinierten, also Mönche und Nonnen. Er ist aus dem Sanskrit-Wort *sangha* abgeleitet. Sangha bedeutet »Gruppe« oder »Gemeinschaft«. Niemand kann alleine für sich eine Sangha bilden, eine Gemeinschaft der Übenden. Der Buddha war vertraut mit den menschlichen Schwächen und warnte deshalb davor, alleine zu üben. Vielen fällt es schon sehr schwer, auch nur eine einzige Stunde alleine Zazen zu üben. In einer Gruppe dagegen kann man ein intensives Zen-Sesshin von drei bis sieben Tagen durchhalten oder sogar mehrere Jahre Klosterleben.

Zazen ist kein Wettbewerb. Wenn wir die Unterstützung durch die anderen für überflüssig halten, täuschen wir uns grundlegend. Wie Dōgen sagte: »Die Menschen sollten einander helfen und bei jeder Dharma-Übung ihre Kräfte bündeln.« Wir können die Praxis überhaupt nur deshalb konsequent verfolgen, weil wir aus der Gruppe Kraft schöpfen. Aus diesem Grunde sind Ordinierte einander gute Freunde.

Im Alltag praktizieren wir ohne Unterlass den Weg Buddhas, ehren ihn als unseren Lehrer, der zum Wahren Weg erwacht ist, lassen uns von seiner Lehre leiten und von Freunden stützen, die auch auf dem Weg sind. Wenn wir krank sind, sind wir eben krank, wenn wir arm sind, sind wir arm. Inmitten von Armut und Krankheit üben wir den Weg und nehmen Zuflucht zu den Drei Kostbarkeiten – dem Buddha, seiner Lehre (Dharma) und der Gemeinschaft der Übenden des Dharma (Sangha). Welche Art zu leben könnte diese an Glück übertreffen?

Dem Flusslauf folgen

Ende des achten, Anfang des neunten Jahrhunderts lebte in China der Chan-Meister Damei Fachang (752–824). Nach seinen Lehrjahren bei seinem Meister Mazu Daiyu (709–788) zog er sich weitab von den Menschen ins Gebirge zurück. Er lebte von Pinienkernen, und machte sich eine Robe aus den Riesenlotusblättern, die es im Sumpf in Hülle und Fülle gab. So übte er mehr als dreißig Jahre lang Zazen.

Einmal ging ein Priester über diese Berge und kam dabei vom Weg ab. Er hatte Glück, kam zu Dameis Grashütte und fragte diesen nach dem Weg ins Dorf. Damei antwortete: »Folge dem Flusslauf.« Das bedeutet, wenn du einfach flussabwärts gehst, kommst du sicher aus dem Gebirge heraus.

Die Schriftstellerin Wariko Kai (1868–1962) schrieb dieses Gedicht:

Im Flussbett liegen
Felsbrocken und Baumstämme.
Das Wasser fließt um sie herum
und kommt voran.

Von einem gewöhnlichen, auf uns bezogenen Standpunkt aus haben wir etwas gegen Felsbrocken und Baumstämme im Fluss. Sobald wir aber in unserem Leben Freude und Leid, Glück und Unglück als so natürlich und gut betrachten wie Felsbrocken und Baumstämme, an denen sich die Wellen brechen, können wir alles annehmen, was geschieht. Dann sind wir wie das Wasser im Fluss und haften nirgends an.

Gesegneter Appetit

In jedem Sommer gibt es in unserem Kloster eine intensive Zazen-Übungsperiode. Einmal brachten wir am Ende einer solchen Periode den Zen-Meister Kōshō Uchiyama (1912–1998) mit dem Auto zum Bahnhof. Da sagte die Nonne, die neben der Fahrerin saß: »Allmählich werden die Äpfel rot, und die Tomaten sehen auch gut aus.« Auf dem Rücksitz saß Uchiyama Roshi. Er lächelte, als er das hörte, und sagte leise: »Es ist egal, was es zu essen gibt, ohne guten Appetit hätte es keinen Sinn, nicht wahr?«

Bis zu diesem Augenblick hatte ich es merkwürdigerweise ganz selbstverständlich gefunden, dass ich immer Appetit hatte und jederzeit essen konnte. Also war auch Appetit ein Segen? Denkt man einmal darüber nach, kann man einen schwerkranken Menschen als Beispiel nehmen. Stellt man dem alle möglichen köstlichen Speisen ans Bett, weil man glaubt, gutes Essen werde schon helfen, dann ist das sinnlos. Es nützt nichts, Schwerkranke zum Essen zu drängen. Wer keinerlei Appetit hat, bringt nicht einmal ein einziges Reiskorn hinunter. Wer andererseits einen guten – eben gesegneten – Appetit hat, wird sich auch mit Reissuppe und Gomasio bei Kräften halten. Ob also das Essen einfach oder schwierig zu beschaffen ist, ein gesunder Appetit ist genauso wichtig.

Pflaumenblüten eröffnen den Frühling

Was kommt uns als Erstes in den Sinn, wenn es um Glück geht oder das Paradies? Häufig ist es Geld: Wir glauben, Geld mache glücklich. Wir glauben, unsere Schwierigkeiten wären behoben, wenn wir nur genug Geld hätten. Geld, Geld, Geld – lebenslang jagen wir dem Geld hinterher. Ich möchte nicht wissen, wie viele Menschen ihr Leben als Sklaven des Geldes beschließen. Aber macht uns Geld wirklich glücklich? Ich glaube nicht. Sogar hinter den meisten menschlichen Tragödien steckt das Geld.

Goethe sagte einmal, zum schieren Überleben bräuchte der Mensch nicht viel Geld, und schloss daraus, die Besitzgier gehöre zur menschlichen Natur. Mit Ruhm und Ehre ist es genauso. Doch wenn wir Glücklichsein daran festmachen, ob unsere Wünsche nach mehr Geld, Ruhm und Ehre befriedigt sind, dann werden wir niemals wahres Glück finden.

Alle Menschen wollen lieber reich als arm sein, lieber gesund als krank, lieber erfolgreich als erfolglos. Aber wie hart ihr auch arbeitet, es können Tage oder Zeiten kommen, wo ihr nichts zu essen habt. Auch wenn wir noch so zuversichtlich und fähig sind, kann einmal etwas gründlich schiefgehen. Niemand wünscht sich selber eine Krankheit, doch manchmal werden wir eben krank. Und wenn die Krankheit tödlich ist, entkommen wir ihr schon gar nicht.

Glück, das an Erfolg oder Besitz geknüpft ist, ist immer bedingt und damit kein wahres Glück. Was auch immer geschieht, es ist, wie es ist. Wenn du krank wirst, dann sei einfach krank; wenn du arm bist, dann sei arm. Solange du deine aktuellen Lebensumstände nicht annimmst, wie sie sind, kannst du das Glück nicht erreichen. Blicke jeder Lebenslage offen ins Gesicht, und nimm sie mit offenen Armen an.

Bemühst du dich mit aller Kraft um diese Einstellung, dann wirst du dazu in der Lage sein – das ist das Paradies, immer und überall.

Dōgen Zenji sagte (*Shōbōgenzō*, Kapitel 59): »Die Pflaumenblüten eröffnen den Frühling.« Er sagte nicht: »Pflaumenblüten öffnen sich, wenn der Frühling beginnt«. Die Pflaumenblüten bringen den Frühling. Dann ist der Frühling überall.

Alle sind in Buddhas Hand

Der Buddha wacht über uns alle und schließt uns bedingungslos in die Arme, ob wir ihn nun ehren oder nicht. Schurken und Heilige, Wissende und Unwissende – wir alle sind in Buddhas Hand.

In dem klassischen chinesischen Roman *Die Reise in den Westen* gibt es einen Affen, der über Zauberkräfte verfügt. Mit diesen Kräften fliegt er dorthin, wo er das Ende der Welt vermutet. Aber auch dort kann er nicht aus Buddhas Hand fallen.

Kein Unglück kann uns aus Buddhas Hand vertreiben. Genau das sagte Shinran (1173–1263), der die Schule des Reinen Landes begründete: »Kein Übel hebt die Wirkung von Amida Buddhas ursprünglichem Gelübde auf.« Wir fürchten bestraft zu werden, wenn wir etwas Böses tun. Wir glauben, unser Wohlergehen hänge vom Wert unserer Opfergaben ab. Doch solche armseligen Rechenkunststücke haben mit dem wahren Buddha nichts zu tun.

»Trinkt eine Kuh Wasser, wird es zu Milch. Nimmt eine Schlange Wasser zu sich, wird es zu Gift.« Ich glaube, diese Worte stehen im Nirvana-Sutra. Der ursprünglich gleiche Stoff »Wasser« nutzt manchen Leuten – als Milch, andere tötet er – als Gift. Das sollten wir nicht vergessen. Kühe sind Lebewesen und Giftschlangen auch, insofern sind sie keineswegs grundverschieden. Auch wir Menschen sind nicht grundsätzlich anders. Das ist letztlich die Basis aller Erscheinungen. Wir alle bekamen von Buddha ein und dasselbe Geschenk – das Leben. Wir leben und sterben, gehen und stehen, sitzen und liegen, alles durch die verehrungswürdige Kraft des Buddha. Gleichzeitig erleben wir Freud und Leid. Wenn uns diese

Zusammenhänge nicht klar sind, stellen wir uns selbst in den Mittelpunkt und schneiden uns von der großen kosmischen Lebenskraft ab. Dann denken und handeln wir zu unserem eigenen Vorteil und nach unseren eigenen Vorlieben und Abneigungen. Das macht uns zu einer Art Giftschlange. Schätzen wir unser Leben aber als Geschenk Buddhas und überwinden unsere Isolierung, werden wir wohltätig wie die Kühe.

Dōgen Zenji sagt im Kapitel *Genjōkōan* seines Hauptwerks *Shōbōgenzō:* »Den Buddhaweg ergründen heißt, sich selbst ergründen. Sich selbst ergründen heißt, sich selbst vergessen.« Ergänzend dazu heißt es im gleichen Kapitel: »Sich selbst vorantragen, um die zehntausend Dinge zu erweisen, das ist Irren. Dass die zehntausend Dinge herkommen und übend mich erweisen, das ist Erwachen.«

Vier Arten, das Wasser zu sehen

Ein Kind aus der vierten Klasse schrieb ein Gedicht mit dem Titel »Spielplatz«:

Spielen wir im Schulhof,
sagen wir: »so klein, so klein«.
Sollen wir Steine einsammeln,
sagen wir: »so groß, so groß«.

Dieses Kind erfasste, welche Gefühle ständig automatisch in uns entstehen, und konnte das sehr lebendig formulieren. Wenn wir eine Sache gerne tun und vollständig darin aufgehen, dann vergehen zehn Stunden wie im Flug. Müssen wir aber etwas erledigen, was wir nicht mögen, dann kann uns eine Stunde wie ein Tag vorkommen. Das Gedicht beschreibt, wie fließend der Maßstab ist, mit dem Menschen für gewöhnlich messen, was sie sehen und denken.

Vor einigen Jahren lag ich nach einer Bauchoperation etwa drei Wochen im Krankenhaus. Es war Sommer, und fünf Tage lang brachte ich keinen Bissen hinunter. Zuerst gab man mir Saft, Milch und Haferschleim. Ich dachte, ich müsste wenigstens eine Kleinigkeit zu mir nehmen, um überhaupt wieder auf die Beine zu kommen. Also nahm ich all meine Kraft zusammen und nippte an der Milch. Aber den Rest des Tages hatte ich das Gefühl, dieses Schlückchen Milch stecke mir immer noch im Hals. Schließlich standen zwei volle Flaschen Milch neben meinem Bett.

Da kam eine gute Freundin zu Besuch. Ihr war es zu heiß und sie wischte sich den Schweiß von der Stirn. Da sah sie die Flaschen, die ich nicht hatte trinken können. Deutlich vernehmbar und in großen Schlucken trank sie beide aus. Mir kam das vor wie ein bemerkenswertes Schauspiel. Mich hatte ein einziger Schluck dermaßen angestrengt, und der steckte mir auch noch den ganzen Tag im Hals. Und meine Freundin leerte mühelos zwei ganze Flaschen. War sie noch bei Sinnen? Dieser Gedanke überwältigte mich.

Am nächsten Tag kam eine andere Freundin. Sie brachte süße Früchte mit, schälte sie, schnitt sie in Stückchen und legte mir eines davon auf die Zunge. Es schmeckte nach gar nichts, eigentlich fühlte es sich an wie Sand. Dieses eine Stückchen reichte mir völlig. Den Rest verspeiste meine Freundin mit Genuss und ging nach Hause. Es vergingen noch drei oder vier Tage auf diese Weise, und allmählich bekam ich das Gefühl, es gebe nichts Schmackhaftes mehr auf dieser Welt.

Kurz darauf kam eine Freundin und brachte selbstgemachten Pudding mit. Sie hatte sich viel Arbeit damit gemacht, und deshalb wollte ich unbedingt etwas probieren und nahm ein Löffelchen. Aber ich hatte es kommen sehen – es schmeckte wie Spülwasser. Wieder konnte ich nur den Kopf schütteln. Verständnislos beobachtete ich, wie meine Freundin genüsslich den restlichen Pudding löffelte. In diesem Augenblick dämmerte es mir: Ich bin krank! Eigentlich war das schon vorher eindeutig der Fall gewesen, aber für mich war es eine echte Entdeckung.

So ist das Leben, sagte ich mir. Könnten wir tatsächlich wahrnehmen, dass wir krank sind oder leiden, wäre alles ganz einfach. Und ich dachte: es kommt nicht aus mir selbst, dass ich mir meiner Krankheit bewusst werden kann, sondern aus der Kraft Buddhas.

Als meine Freundin gegangen war und ich allein in meinem Krankenzimmer lag, versuchte ich, noch einmal über diese wertvolle Erfahrung nachzudenken. Ich überlegte: Ich habe keinen Appetit. Was ich auch esse, es schmeckt schrecklich, wirklich schrecklich. Wenn das Essen aber tatsächlich so schrecklich wäre, dann müssten die Freundinnen das natürlich genauso sehen. Sie jedoch essen mit herzhaftem Appetit, nur – mich überzeugt das nicht im Geringsten. Kurz: ich messe andere Menschen mit dem Maßstab meiner eigenen Erfahrung. Haben sie völlig andere Erfahrungen als ich, dann glaube ich erstaunlicherweise, sie seien auf dem Holzweg.

Jeder Mensch lebt sein eigenes Leben. Deshalb ist es nur natürlich, dass wir die Dinge auf verschiedene Weise sehen.

Allerdings halten alle ihre eigene Sichtweise für die einzig richtige, sie beurteilen andere Menschen nach ihrem eigenen Maßstab und meinen, die anderen würden falsch liegen. Das ist der Schlüssel dafür, die normale Welt zu verstehen. Wie ich in diesem Augenblick die Dinge sehe, wie ich denke oder fühle, hängt von vielem ab: meinem bisherigen Leben, meinem begrenzten Wissen und meiner begrenzten Erfahrung, meinem aktuellen Gesundheitszustand und meiner Gefühlslage. Es ist eine vorläufige Interpretation, ein erstes Urteil, aber niemals absolut. Ist mir dieser Grundbaustein der menschlichen Natur erst einmal klar, dann schrumpfen die Schwierigkeiten in meinem Leben oder die Disharmonien mit meiner Umgebung, ob ich gerade gesund bin oder krank.

Es war nicht meine eigene Kraft, sondern das Wirken des großen Buddha, die mir zeigte, was mein gesundes oder krankes Wesen ausmacht. Das werde ich nie vergessen. Diese grundlegende Erkenntnis kam mir nur, weil ich krank war und den Appetit verloren hatte.

Gemäß der buddhistischen Lehre kann man das Wasser auf vier Arten sehen. Im gleichen Wasser sieht ein himmlisches Wesen eine kostbare Perle, ein Drachenwesen einen Palast, ein Hungergeist Blut und ein Menschenwesen – Wasser.

Die [erste japanische] Verfassung des Prinzen Shotoku (574–622) enthält siebzehn Artikel. In einem steht: »Wenn dein Gegenüber recht hat, hast du unrecht. Wenn du recht hast, hat das Gegenüber unrecht. Du bist nicht unfehlbar. Dein Gegenüber ist nicht schwachsinnig. Ihr beide seid normale Menschen.«

Solange Menschen Menschen sind, werden wir unserer alltäglichen Sicht der Dinge nicht entkommen. Wenn wir die aber für absolut richtig halten, darauf beharren oder uns auf unseren eigenen Standpunkt versteifen, dann sind wir meilenweit entfernt vom Reinen Land und vom anderen Ufer. Dann hängen wir fest in der Welt des Leidens oder am diesseitigen Ufer.

»Dunkel ist der Kiefer Schatten, den das Mondlicht wirft«, schreibt der Dichter. Erst Buddhas strahlendes Licht lässt uns erkennen, wie dunkel unser eigener Schatten ist. Hüllt uns dieses Licht ein, dann können wir mit unserem eigenen Schatten leben. Ist es nicht genau das, was man ein Leben aus Zen nennen könnte?

Brokat ist nie von einer Farbe

Es war der Tag, an dem die Teedose mit dem Jahresvorrat geöffnet wird, den man für die Teezeremonie braucht. Ich wählte für die Tokonoma-Nische ein Rollbild mit einem Gedicht von Sumita Oyama aus Matsuyama auf Shikoku, der den Priester und Haiku-Dichter Santōka Taneda (1882–1940) weltweit bekannt machte. Das Gedicht lautet:

Vergessen am Baum
hängt eine Persimone.
Schnee in den fernen Bergen.

Da kam ein Gast in den Teeraum. Er betrachtete das Bild ehrfürchtig und fragte dann: »Wie lesen Sie die erste Zeichenfolge?« Die Schriftzeichen standen nämlich nicht untereinander, und außerdem fehlte eines – statt »am Baum« stand da nur »Baum«. Da ließ ich die Getränke stehen und fing spontan zu sprechen an.

Der Begründer der Teezeremonie Murata Jukō (1423–1502) sagte: »Eine Kalligrafie ist perfekt, wenn Schriftzeichen fehlen und die vorhandenen nicht in Reih und Glied stehen. Dann wirkt sie überzeugend. Sind die Zeichen exakt und nach Schema angeordnet, dann fehlt dem Bild die Seele und es ist wertlos.«

Wie paradox! Wenn Menschen Kalligrafien schreiben, strengen sie sich für gewöhnlich unglaublich an, um die Zeichen möglichst gerade untereinander zu setzen, und betrachten es als unverzeihlich, einzelne Schriftzeichen wegzulassen. Und dann das! Schiefes und Auslassungen sollen gut sein und Perfektion langweilig! Wie kommt es zu dieser Vorstellung?

Jukō sagte auch: »Ein Mond ohne Wolken ist eine Enttäuschung.« Einhundertfünfzig Jahre vor Jukō hatte Yoshida Kenkō (1283–1350) in seinem Buch *Tsurezure-gusa* (Abhandlung über den Müßiggang) geschrieben: »Ich hörte den Abt Koyu sagen: ›Nur unreife Menschen brauchen unbedingt absolute Ordnung. Mir erscheint absolute Ordnung langweilig. Wahre Schönheit weicht ein klein wenig von der perfekten Ordnung ab.‹ Das beeindruckte mich tief.« Kenkō schrieb auch: »Kann man den Kirschbaum nur in voller Blüte betrachten und den Vollmond nur am klaren Himmel?«

Wenn wir in Japan davon sprechen, Kirschblüten oder den Mond zu betrachten, dann meinen wir sehr wohl Kirschbäume in voller Blüte und den Vollmond am sternklaren Himmel. Aber man kann sich eben auch an Knospen erfreuen, an Kirschblütenblättchen, die im Wind zu Boden tanzen, und sogar an winterkahlen Kirschbäumen. Kann man den Vollmond nicht auch genießen, wenn er wolkenverhangen und der Nachthimmel nicht sternklar ist? Kann man statt des Vollmonds nicht den zunehmenden Mond genießen, die Erwartung, dass er gleich aufgeht, oder die bezaubernde Erinnerung daran, dass er gerade unterging? Alles ist ständig im Fluss. Wie wir Kirschblüten betrachten oder den Mond, spiegelt wider, wie wir mit den Wechselfällen des Lebens umgehen.

Dabei geht es keineswegs nur um die Schönheit von Kirschblüten, Mond, Kalligrafien oder ähnlichem. Manch ein Kind stirbt, obwohl seine Eltern es liebevoll umsorgt hatten. Manch ein treusorgender Familienvater kann in den besten Jahren plötzlich krank werden und zusammenbrechen.

Das Leben geht weiter und kümmert sich nicht darum, was wir uns wünschen oder eben nicht. Freude und Leid, Glück und Unglück, Liebe und Hass sind miteinander verwoben und außerdem mit allen anderen Gedanken und Gefühlen. Nimmt man die Dinge ohne Wenn und Aber an, wie sie sind, auch Unglück, Krankheit oder Scheitern, dann kann man jede Erfahrung als einen Schatz betrachten.

Buddha schließt alle in die Arme, ohne Ausnahme und wie sie sind. Das ist seine Welt des liebenden Mitgefühls. Wollte man dies auf einem Rollbild ausdrücken, dann könnte man vielleicht schreiben: »Sind Linien krumm und fehlen Zeichen, dann wird es erst interessant.«

Da kommt mir ein Satz aus dem *Shōyu roku* (Über den Gleichmut) in den Sinn: »In alten Brokat sind alle Farben eingewoben.« Geburt und Alter, Krankheit und Tod, Glück und Unglück, Gewinn und Verlust, Liebe und Hass – sie alle tragen wesentlich zum Entstehen des Brokatstoffes »Menschenleben« bei. Der Brokat Menschenleben kann nicht das Glück als einzige Farbe enthalten. Zeit, Ort und Gelegenheit – da »sind alle Farben eingewoben«. So zeigt sich das Paradies, das andere Ufer.

Ein aufwühlendes Ereignis

»Äbtissin, kommen Sie, schnell.« – Etwas in der Stimme der Nonne alarmierte mich so, dass ich sofort in den zweiten Stock hinauflief, in den Laien-Übungsraum. Eine blutverschmierte Bettdecke lag zusammengeknüllt auf dem Boden, und drei Tatami-Matten waren voller Blut. Blutspuren führten vom Fenster zum unteren Dach.

Am Abend zuvor war eine junge Frau von etwa dreißig Jahren angekommen und wollte an einem dreitägigen Sesshin teilnehmen. Ihre Mutter hatte sie begleitet und die junge Frau war völlig aufgewühlt gewesen. Die Hauptaufgabe unseres Klosters ist zwar die Ausbildung der Nonnen, aber jeden Monat können sich auch Laien-Frauen unseren Zen-Sesshin anschließen, einmal für einen Sonntag und einmal für drei bis fünf Tage.

Am ersten Tag – die Frauen saßen nebeneinander mit dem Gesicht zur Wand und übten Zazen – ging ich leise hinter ihnen vorbei und dachte über sie nach. Diese junge Frau saß in hervorragender Zazen-Haltung. Was war bei ihr zu Hause vorgefallen? Welche tiefe Qual hatte sie hierher gebracht? Sie wirkte, als wäre ihr Kopf ein einziges tosendes Chaos, eine riesige Verwirrung. Doch ihr Zazen besiegte den Sturm, es war unsagbar ruhig und außerordentlich schön. Es hatte zweifellos die ehrwürdige Form von Buddhas Zazen.

Ich wünschte ihr von Herzen, dass sie drei Tage Sitzen durchhalten würde. Durch die Kraft des Zazen würde sich der Sturm legen. Wenn sich der Aufruhr und die Wogen in ihrem Herzen geglättet hätten, würde sie die Dinge ganz natürlich so sehen und hören können, wie sie sind. Die Zeit würde kommen, wo sie froh und dankbar wäre über die Qualen, die sie schließlich zu unserem Kloster und den Lehren des Buddha geführt hatten. Wie gut für sie, dass sie gekommen war. »Lass dir Zeit! Ergib dich nicht dem Sturm in deinem Kopf«, hatte ich sie innerlich angefleht, als ich hinter ihr vorbeiging. Aber an diesem Abend war sie gar nicht zum Zazen erschienen. Ich hatte die Zazen-Halle als Erste verlassen und eine ältere Nonne war mir gefolgt. Ich hatte sie gebeten, in den Laienraum zu gehen und nachzuschauen. So hatten wir sie gefunden.

Glücklicherweise hatte ich ausgerechnet diese Nonne geschickt, die vor ihrer Ordination Krankenschwester gewesen war. Eine Jüngere wäre womöglich in Ohnmacht gefallen, wenn sie das alles gesehen hätte. Die Nonne sagte: »Sie hat nicht sehr viel Blut verloren, es ist nicht lebensgefährlich. Vielleicht bekam sie plötzlich selbst Angst vor dem Sterben, als sie das viele Blut sah. Dann hörte sie mich die Treppe heraufkommen. Wahrscheinlich war ihr klar, dass sie nicht an mir vorbeigekommen wäre, und ging deshalb hinaus aufs Dach.«

Wie wir vermutet hatten, war sie vom Dach der Haupthalle auf das Küchendach hinuntergeklettert. Die Nonne und die herbeigerufene Polizei holten sie herunter, und dann wurde sie mit dem Krankenwagen in die Klinik gebracht. Die Nonne und ich wischten gemeinsam das Blut auf. Wir brauchten mehrere Putztücher dafür und fünf Eimer Wasser waren in kürzester Zeit blutrot.

Während der Arbeit rezitierte ich mit blutüberströmten Händen im Stillen das Herz-Sutra und dachte: Erst wenn die Leute extrem leiden, besinnen sie sich auf Buddhas Weg. Sie hatte zwar den Aufwand nicht gescheut und war in unser Kloster gekommen, hatte mit uns in Zazen gesessen und Buddhas Lehre gehört. Doch dann hatte sie aufgegeben und wollte sich umbringen.

Ihr Herz war aufgewühlt, aber trotzdem war sie mit ihrem eigenen Körper in Zazen-Haltung gesessen, war den Unterweisungen gefolgt, hatte das *Shōbōgenzō* in ihren Händen gehalten und die Lehren Buddhas mit eigenen Ohren gehört.

An diesem Abend hatte sie sich umbringen wollen, während sie hören konnte, wie wir in der letzten Zazen-Runde Dōgen Zenjis *Fukan Zazengi* (Allgemein empfohlene Anleitung zum Zazen) lasen. Aber es ist nie vergeblich, Verbindung mit Buddhas Lehren aufzunehmen. Jeder auf diese Weise gesäte Same wird Früchte tragen.

Da kam mir eine Parabel aus dem Lotus-Sutra in den Sinn: Ein guter Arzt hatte mehrere Kinder. Sie hatten aus Versehen Gift zu sich genommen. Da rührte er ein Heilmittel an, und zwar so, dass es gut roch und gut schmeckte. Die Kinder, die nur leicht erkrankt und ihrer Sinne noch mächtig waren, nahmen die Arznei ein und wurden gesund. Aber einige Kinder waren schwerkrank, weil sie mehr Gift genommen hatten, und die waren so wirr im Kopf, dass sie sich selbst gar nicht für krank hielten. Sie weigerten sich, die Medizin zu nehmen.

Der Vater sah sich zu einer List genötigt. Er sagte zu ihnen: »Ich habe einige dringende Dinge zu erledigen und muss dafür weit fort. Ich habe etwas Medizin für euch vorbereitet. Hebt sie gut auf für den Fall, dass ihr sie braucht«, und fuhr ab. Kurz darauf schickte er einen Boten nach Hause, der den Kindern meldete, ihr Vater sei schwer krank geworden und dann ziemlich schnell verstorben.

Das stürzte die Kinder in völlige Verzweiflung. In dieser Situation klärte sich ihr Kopf und sie nahmen die Arznei ein, die ihnen der Vater dagelassen hatte. So konnten sie gesund werden. Krankheit ist in dieser Geschichte ein Bild für geistige Krankheit und die Arznei symbolisiert die Lehren über das richtige Leben.

Wer niemals Kummer oder Leiden erfährt, wird auch niemals auf die Suche gehen, wie man gut lebt. Erst wenn so jemand in einer Sackgasse festsitzt und weder vor noch zurück kann, beginnt er oder sie plötzlich, das eigene Leben von Grund auf zu überdenken. Erst dann stellt sich so jemand die Frage: Wie geht es, das richtige Leben?

Der erste Schritt auf der Suche nach der Wahrheit ist, dass uns bewusst wird, wie wir leiden und dass wir »zu unserem Kranksein erwachen.« Shakyamuni Buddha lehrte die Vier Edlen Wahrheiten. Die erste heißt: das Leiden erkennen.

Einige Leute können in der engsten Sackgasse festsitzen und trotzdem nicht auf die Idee kommen, die Augen aufzumachen und Buddhas Weg zu sehen. Wer es doch tut, hat Glück. Und manche

Menschen kommen erst über den Umweg ihrer seelischen Qualen dazu, die Schale ihres Ich aufzuweichen und dabei zu entdecken, in welcher großen Welt sie leben können.

Es gibt noch eine andere Geschichte. Ein Mann wollte sich umbringen. Er ging in die Berge, knüpfte ein Seil an einen Baum und legte seinen Kopf in die Schlinge. Als er sich fallenlassen wollte, rutschte ihm der Holzschuh von einem Fuß. Da fiel ihm auf, dass sein Fuß ohne sein bewusstes Zutun versuchte, den Schuh festzuhalten. In diesem Moment merkte er, wie stark sein unbewusster Lebenswille war. Der kümmerte sich absolut nicht darum, ob er sterben wollte. Da gab der Mann seine Selbstmordabsicht auf.

Der Dichter Eiichi Enomoto schrieb das folgende Gedicht. Es heißt »Einsiedlerkrebs«.

Diesen Panzer hab' nicht ich gemacht.
Von Himmel und Erde nehm' ich ihn zu leihen
und verbringe darin Tag um Tag.

Unser Leben ist eine Mischung aus Leihgabe und Geschenk. Ohne die Kraft, die wir von Himmel und Erde zu leihen nehmen, können wir kein Wort herausbringen, wir können weder hören noch sehen, weder Arme noch Beine bewegen, und auch Herz und Magen arbeiten nicht. Sobald uns das bewusst wird, werden Selbstmordgedanken immer schwächer und schließlich lösen sie sich auf. Öffnen sich unsere Augen für diese wunderbare Wahrheit, nehmen wir Unglück und Widrigkeiten dankbar an, die uns zu dieser Wahrheit geführt haben, und wir erkennen in den Rückschlägen des Lebens Buddhas ehrwürdige Gestalt.

Währenddessen wischte ich das Blut auf, das die Tatami-Matten und die Futon-Matratze getränkt hatte. Ich dachte an diese Frau und wünschte ihr von Herzen, dass sie dieses Stadium erreichen und erwachen würde.

Schließlich fiel mir eine Zeile aus dem Kannon-Sutra ein: »Die Bodhisattva Kannon bewegt sich voller Absicht durch die *saha*-Welt.« Das Sanskrit-Wort *saha* bedeutet Leiden, und *saha*-Welt bezeichnet die Welt des Leidens, also diese unsere Welt, in der wir eben leben. Das Wort beschreibt, dass diese Welt voll Leid und Kummer ist, diese Welt, in der wir dennoch leben. Die Bodhisattva Kannon hat tausend Augen und tausend Hände, um das Leid anderer zu lindern. Sie wirft sich ganz gezielt in diese Welt des Leidens, und das geht so weit, dass sie von Kopf bis Fuß mit Blut und Exkrementen beschmiert ist. So groß ist das Herz der Kannon.

Von alleine brennen

Will man morgens in der Winterkälte eine Kerze anzünden, dann muss man oft erst langsam das Wachs um den Docht herum schmelzen. Erst dann brennt die Kerze hell und die heiße Flamme bringt immer mehr Wachs zum Schmelzen.

Etwas ganz Ähnliches gibt es bei uns Menschen. Zuerst brauchen wir einen guten Lehrer oder eine gute Lehrerin, die uns anleiten und »anzünden«. Später »brennen« wir dann von alleine und durch eigene Anstrengung, und dann geben wir Licht und Wärme überallhin weiter.

Jukichi Yagi (1898–1927) war einer der besten christlichen Dichter Japans. Er schrieb das folgende Gedicht:

Es gibt nichts zu finden,
auch wenn ich suche.
Es gibt nichts zu tun,
nur mich selbst wärmen.
Es gibt nichts zu tun,
nur selber brennen
und alles um mich erhellen.

Du kannst nur eines tun – mit deinen eigenen Füßen auf deinem eigenen Lebensweg gehen. Es gibt nichts, worauf du dich verlassen kannst, nichts, was dir helfen wird. Alles, was du kannst, ist aufrecht stehen und niemals der Versuchung nachgeben, dich von anderen abhängig zu machen.

Der blaue Vogel

Von früh bis spät
suchte ich den Frühling;
nirgends konnte ich ihn finden.
Mit dem Wanderstab
ging ich über Stock und Stein.
Wieder daheim,
fiel mir ein Zweig Pflaumenblüten in die Hand.
An seiner Spitze
sah ich den Frühling blühen.

Wenn ich mich nicht täusche, stammt dieses Gedicht von Tai-i, einem chinesischen Dichter aus der Song-Zeit (960–1276). Ein Gedicht des japanischen Dichters Bokusui Wakayama (1885–1928) beschreibt das gleiche Gefühl:

Über Berge und Flüsse bin ich gegangen,
nirgendwo endet die Einsamkeit,
nicht endet mein Gehen.

Auch in Europa besangen die Dichter dieser Zeit solche Themen, so etwa Karl Busse (1872–1918) in Deutschland oder Maurice Maeterlinck (1862–1949) in Belgien, der das berühmte Theaterstück »L'Oiseau bleu« (Der blaue Vogel) schrieb. Wohin man auch schaut in der Welt: Überall und zu allen Zeiten haben die Menschen nach dem Glück gesucht.

Viele der Glück-Suchenden haben Glück mit Geld gleichgesetzt und ihr Leben mit der Jagd nach Reichtum zugebracht. Viele andere vermuteten, das Glück sei so etwas wie Ruhm und Ehre, oder sie glaubten, Glück bedeute, gesund sein oder Kinder großziehen. Doch für die meisten endete dieses Leben abrupt wie ein Traum, und sie hatten nie erfasst, dass wahres Glück nichts damit zu tun hat, ob unsere egoistischen Bedürfnisse von Anfang bis Ende erfüllt werden.

Die Wünsche der Menschen sind prinzipiell nie ganz zu stillen, man kann sie unmöglich restlos befriedigen. Wie sehr wir auch materiell vorsorgen und wie hart wir arbeiten mögen, es kann immer Zeiten geben, wo wir einmal nicht genug zu essen haben. Auch wenn du noch so intensiv vorsorgst, irgendwann wirst du krank, und wenn die Krankheit tödlich ist, kannst du ihr gar nicht entkommen. So ist das Leben.

Hinge das Glück davon ab, ob sich all unsere Wünsche erfüllen, dann hätten wir keinerlei Chance darauf, glücklich zu werden. Aber wahres Glück ist nicht so unvollkommen, es hängt nicht an äußeren Bedingungen. Wenn du sterbenskrank bist oder in extrem ärmlichen Verhältnissen lebst, aber trotzdem die Dinge nimmst, wie sie sind, wenn du zuversichtlich bist, dass alles in Ordnung ist, und wenn dir diese Einstellung in Fleisch und Blut übergegangen ist, dann hast du das wahre Glück gefunden.

Danach suchte auch Shakyamuni Buddha, und er fand es schließlich. Das ist das wichtigste, worum es in seiner Lehre geht. Er suchte so ernsthaft nach Glück, dass er das weltliche Leben aufgab.

Shakyamuni war der Kronprinz eines kleinen Königreichs, und er hatte alles an Ruhm und äußerem Glück, was man sich nur denken konnte. Er war mit der wunderschönen Prinzessin Yasodhara verheiratet und die beiden hatten einen kleinen Sohn, der Rahula hieß. Und trotzdem ließ Shakyamuni alles hinter sich und machte sich im Bettlergewand auf die Suche nach dem Weg. Aus welchem Grund?

Viele Jahre später sagte Shakyamuni zu seinem Schüler Aniruddha: »Niemand in der Welt strebt mehr nach Glück als ich.«

Ein anderes Mal sagte er sinngemäß: Der Weise verzichtet auf die kleinen Freuden des Alltags. So erst kann er das Glück gewinnen, das wirklich groß und wahr ist (*Dhammapada,* Vers 290).

Das Immer-mehr führt zu Verstopfung

Am *risshun*-Tag, dem ersten Frühlingstag des Mondkalenders, machte ich ein Ikebana-Gesteck für die Tokonoma-Bildnische und nahm dafür einen Zweig mit Pflaumenknospen, die gerade am Aufgehen waren. Dieser erste Frühlingshauch erfüllte mein Herz mit Freude, und ich empfand ihn als einen unfassbaren Luxus. Immer wieder hatte ich mich in der Kälte unter den Pflaumenbaum gestellt und beobachtet, wie sich die Knospen langsam zu öffnen begannen. Diese Freude kennt nur, wer jemals ungeduldig auf die leiseste Andeutung gewartet hat, dass die Knospen sprießen. In unserem Kloster können wir diese Freude erfahren, weil unsere Gärten und Felder im Einklang mit der Natur stehen, damit, wie die Jahreszeiten stetig wechseln, von Frühling zu Sommer zu Herbst und zum Winter.

Heute verkauft man in den Geschäften ganzjährig alle möglichen Blumen- und Gemüsesorten, die in Gewächshäusern gezogen werden. In dieser Welt kann man nicht mehr erleben, wie nach einem langen Winter Spannung und Aufregung zunehmen, bis die Blüten sich endlich öffnen. Man kennt es auch nicht mehr, wie wehmütig man wird, wenn sich die letzten Blumen im Herbstwind neigen. Noch weniger Menschen können sich darüber freuen, wenn sie die allerersten Tomaten oder Gurken des Jahres ernten, sie auf dem buddhistischen Hausaltar darbringen und anschließend kosten. Sie können auch die Freude nicht mehr spüren, die entsteht, wenn man in einem Bach steht, kleine Fische durch die Hände gleiten und man sich gegen das Fließen des Wassers stemmen muss. Und schon gar nicht bereitet es ihnen Schmerzen, wenn der Fisch stirbt.

Eigentlich ist es die Natur selbst, die solche Gefühle in unserem Herzen kultiviert, doch von ihr sind wir von Kindesbeinen an getrennt. Es beginnt mit der Idee, jeder Wunsch sei mit Geld zu erfüllen. Doch Geld trägt eben nicht dazu bei, dass sich unser Gefühlsleben entwickelt. Der Begriff »Mutter Erde« drückt es aus – wir Menschenwesen sind Kinder der Erde, Kinder der Natur. Welche Art Erwachsene werden die heutigen Kinder werden, wenn man ihnen den grundlegenden Zugang zur Natur vorenthält und sie in einer öden und gleichförmigen Umgebung heranwachsen lässt? Was wird, wenn eine Gesellschaft nur noch solche Menschen hat? Stelle ich mir das auch nur vor, dann läuft es mir kalt den Rücken hinunter.

Wie kam es dazu, dass unser Welt so wurde, wie sie ist?

Alles beginnt mit unseren Wünschen – wir wollen unsere Lieblingsblumen immer sehen, unser Lieblingsobst immer essen und unser Lieblingsgemüse ebenso. Diese Wünsche trafen sich mit einer allgemeinen Gier der Menschen nach Besitz. Man trachtete danach, alles zu befriedigen, und dafür setzte man völlig unkontrolliert alles ein, was technisch machbar ist. Irgendwann wird es alles zu kaufen geben, jedoch kein Leben mehr auf dieser Welt. Doch wenn Menschen dauerhaft so leben, werden sie unweigerlich immer materialistischer und gefühlloser. Am Ende haben sie ein seelenloses Plastik-Herz. Dort ist kein Platz für Buddhas Lehre und für die Wahrheit, dass Leben und Tod an sich bereits Nirvana sind.

Der Zen-Meister Kōshō Uchiyama sagte: »Der ursprüngliche Weg ist vollkommen, man braucht ihm nichts hinzuzufügen. Er genügt sich vollständig. Nur weil die Menschen weiter denken können, wollen sie immer noch mehr. Deshalb ist bald alles verstopft.« Der Grund für diese »Verstopfung« der Welt ist die Gier. Wenn wir das Steuer nicht herumreißen, wird es über kurz oder lang keine Menschen mehr auf dieser Erde geben.

Buddhas Lehre, in der sich die Gesetze von Himmel und Erde finden, kann uns dabei unterstützen, das menschliche Herz wieder lebendig zu machen. Ein lebendiges Herz lässt sich von einer Blume anrühren und weint, wenn eine Fliege stirbt. Ein solches Herz begegnet nicht nur dem eigenen Leben liebevoll und sorgsam, sondern auch dem Leben anderer Menschen – und außerdem dem in allen Dingen.

Schön und gepflegt sprechen

Bezeichnen wir eine Person als »gepflegt«, dann denken wir für gewöhnlich daran, wie sie sich kleidet, oder an Accessoires und Kosmetik. Ihre Sprache kommt einem nicht sofort in den Sinn. Drückt sich aber eine gepflegt gekleidete Dame ordinär aus, dann empfinden wir ihre Kleidung gleich als weniger schön.

Eine gepflegte Sprache ist nichts, was man von heute auf morgen erwerben könnte. Der Kritiker Tsunatake Furuya sagte: »Ich möchte die Wörter lieben lernen« und: »Wenn wir ein Wort benutzen, müssen wir uns Rechenschaft ablegen darüber, was es wirklich bedeutet.«

Vor nicht allzu langer Zeit verließ eine meiner Freundinnen für immer diese Welt. Eine Bekannte benachrichtigte mich mit den Worten: »Sie ist tot.« Später sagte eine andere: »Sie ist gegangen.« Für mich lagen Welten zwischen diesen beiden Arten, dieselbe Sache auszudrücken. Tatsächlich spiegelten sich die Persönlichkeiten dieser beiden Personen in der Art, wie sie sich ausdrückten. »Sie ist tot« klingt wie ein offizieller Bericht ohne Anteilnahme, der Satz ist gewissermaßen in Kühle gebettet. Die Worte »Sie ist gegangen« enthalten viel mehr Zuneigung.

Wenn eine Person spricht, dann offenbart sich ihre Persönlichkeit in ihrer Rede ähnlich unverstellt wie im Gesicht. Es geht hier nicht darum, hochgestochen zu reden, das wirkt in der Regel nicht nur unangemessen, sondern auch unschön. Gepflegt sprechen heißt, dass die sprechende Person angemessene Worte benutzt und das Gegenüber aufmerksam im Blick hat. Solche Worte sind lebendig, weil sie ganz natürlich aus einem reinen Herzen kommen.

Der buddhistische Priester und Gelehrte Kazuyoshi Kino, einer unserer Gastlehrer im Kloster Muryoji, sagte einmal: »Eure Rede sollte sich von purem Geräusch unterscheiden.« Das hat mich sehr berührt.

Im Alltag neigen wir trotzdem zum Plappern. Solange das niemandem schadet, ist dagegen nicht einmal etwas einzuwenden. Doch manchmal kann ein einziges unbedachtes Wort eine Wunde schlagen, die lebenslang schwärt. Es kommt vor, dass wir andere im täglichen Leben durch unsere Rede verletzen und dass andere uns verletzen. Wir plappern herum und später bedauern wir unsere Worte. Trotzdem machen wir einfach so weiter.

Wenn Shakyamuni Buddha mit anderen Menschen sprechen wollte, beachtete er immer drei Punkte. Zuerst überlegte er, ob das, was er sagen wollte, tatsächlich wahr ist, und als nächstes, ob das Gegenüber von dieser Botschaft auch wirklich etwas hätte. Erst wenn er sich sicher war, dass die Sache sowohl wahr als auch nützlich war, dachte er über den dritten Punkt nach: die bestmögliche Zeit und den bestmöglichen Ort, darüber zu sprechen. Es gibt Dinge, die man besser nicht sagt, auch wenn sie zutreffen. Sagt man etwas am falschen Ort oder zur falschen Zeit, kann das für die betreffende Person unter Umständen schmerzhaft sein. Sogar bei einzelnen Wörtern hielt sich Shakyamuni Buddha an diese drei Punkte.

Wenn wir achtsam und gut leben, ist unsere Rede ganz von selber schön. Insofern gründet eine gepflegte Sprache direkt in einer Lebenseinstellung.

Freude auf dem Weg

Auf dem Klostergelände muss man das ganze Jahr über regelmäßig Unkraut jäten. Das weiß ich zwar genau, aber ich mache es trotzdem nur dann, wenn es mir zeitlich gerade gut passt. Immer wieder gerate ich ins Hintertreffen, und manchmal brauche ich unerwartet lange, um hinterherzukommen. Würde ich diese Pflicht eine Zeitlang vernachlässigen, nähme das Unkraut schnell überhand, und der Ort sähe aus, als hätten ihn die Menschen aufgegeben. Unkrautvernichtungsmittel waren mir zwar immer suspekt, aber einmal setzte ich doch eines ein. Ein einziges Mal.

Es war wohl hochwirksam. Ein volles Jahr wuchs kein einziges Kräutlein und schon gar kein Moos. Monatelang wuchs einfach gar nichts mehr, der Boden war wie tot. Da wurde ich tieftraurig und Unkrautvernichtungsmittel erschienen mir als Inbegriff menschlicher Anmaßung.

Ich flehte um die Rückkehr des Unkrauts und war bereit, es bis zur Erschöpfung auszuzupfen, wenn es nur wiederkäme. »Liebe Erde«, bettelte ich, »bitte komm zurück ins Leben und bring ruhig Unkraut mit.«

Im Jahr darauf kam das Unkraut wieder und das Moos auch. Dankbar betrachtete ich beides und sagte im Stillen: »Ich bin so froh, dass ihr wohlbehalten wieder da seid.«

Leben ist etwas Wunderbares. Auf der lebendigen Erde blühen schöne Blumen und das Unkraut wächst. Es ist menschliche Selbstbezogenheit, die Blumen gut findet und Unkraut schlecht, die Blumen selbst oder das Unkraut haben damit nichts zu tun. Dōgen Zenji sagte [im *Genjōkōan*]: »Eine Blume verblüht, obwohl wir sie lieben; und Unkraut wächst, obwohl wir es nicht mögen.« Für die Pflanzen ist es tatsächlich der Mensch, der die Plage ist.

Wären die Menschen nicht so auf sich bezogen, würden sie Blumen und Gräser mit Achtsamkeit betrachten. Dann könnten sie wahrnehmen, wie Himmel und Erde das Leben einer jeden Blume und eines jeden Grashalms segnen und wie gut das ist. Mit den Menschen ist es ähnlich: Sie erleben Gewinn und Verlust, Liebe und Hass, Freude und Schreckliches, Trost und Leid. Das ist das Leben, jede solche Erfahrung gehört wesentlich zu unserem Leben, und genau das ist einmalig.

Der japanische Kulturkritiker Hideo Kobayashi sagte: »Der Mond kann hinter einem einzigen Blatt verschwinden.« Legen wir uns ein Blatt direkt aufs Auge, dann ist es so nahe, dass wir das Blatt nicht einmal als Blatt erkennen können. Legen wir auf jedes Auge ein Blatt, dann kann uns das den Mond verbergen und sogar die ganze Welt. Halten wir das Blatt dagegen weiter weg von uns, dann sehen wir es so, wie es ist, und außerdem noch Berge, Flüsse, Mond und Wolken. Wir müssen nur das Blatt vom Auge nehmen.

Viele Dinge im Leben können wir erst sehen, wie sie sind, wenn wir sie aus einem gewissen Abstand betrachten. Sobald wir voll und ganz in eine Situation verwickelt sind, verlieren wir ziemlich schnell den klaren Blick. Das Gleiche geschieht, wenn wir uns von Kleinigkeiten aus der Ruhe bringen lassen, wenn wir stolz werden, weil etwas gut war, oder traurig, weil es schlecht war. Eine Landschaft erschließt sich am besten aus der Entfernung, und mit der »Landschaft« unseres eigenen Lebens ist es ähnlich.

Ein reines Herz

Einmal hatte ich siebzig Bewohnerinnen eines Altenheims in Tokio in unser Bergkloster eingeladen. In diesem Kloster gibt es nur einen Spiegel, aber jeden Morgen stellten sich die Frauen vor diesem Spiegel an, um sich zu schminken. Die Menschen scheinen sich immer darum zu sorgen, wie sie aussehen, völlig unabhängig davon, wie alt sie sind. Nur – was ist Kosmetik? Und was wahre Schönheit? Ein hübsches Gesicht ist eine Himmelsgabe, aber es schwindet mit dem Alter oder aus anderen Gründen. Schminke und Kosmetik machen uns künstlich ein wenig schöner, doch die Schminke verblasst und wäscht sich ab. Wahre Schönheit sollte, scheint mir, mit dem Alter zunehmen und sich gerade nicht abwaschen lassen.

Was ist das Geheimnis der Schönheit? Es ist ein reines Herz. Das Herz wird aber nicht in ein paar Tagen rein, auch nicht in sechs Monaten oder einem Jahr. Es heißt, jeder Mensch über vierzig sei selbst dafür verantwortlich, wie er aussieht. Doch wenn du morgen vierzig wirst und noch schnell etwas für dein Aussehen tun willst, ist es zu spät. Dein Gesicht offenbart nicht nur, welche inneren Kämpfe du in deinem Leben ausgefochten hast, es offenbart dein ganzes Leben in diesen vierzig Jahren. Vierzig Jahre lang war ein unsichtbares Schnitzmesser in Aktion. Tag und Nacht hat es dein Gesicht bearbeitet und unweigerlich alles verewigt, ob du glücklich, wütend oder traurig warst. Es wurde einfach abgebildet, was in dir war. Und alles zusammen macht aus, wie schön du heute bist. Oder eben nicht. Keine Kosmetik dieser Welt kann das übertünchen.

Anfang des zwanzigsten Jahrhunderts lebte die Dichterin und Feministin Akiko Yosano (1878–1942). Sie soll als Jugendliche alles andere als eine Schönheit gewesen sein, doch als sie älter wurde, änderte sich das. Als junge Frau hatte sie sich in einen Dichter namens Tekkan verliebt und war mit ihm durchgebrannt. Die beiden hatten mehrere Kinder und lebten in großer Armut. Akiko unterstützte ihren Mann bei seiner Arbeit und schrieb auch selber Prosa und Gedichte. Ihre Hingabe und ihr schweres Leben machten ihr Herz rein und ihr Gesicht strahlte das aus.

Wenn wir das Beste aus jedem Tag machen und achtsam leben, dann können wir in Schönheit altern.

Nie mehr bist du so jung wie heute

»Das Neue Jahr ist gekommen, und schon wieder bin ich älter, Äbtissin. Die Aussicht auf das Altwerden deprimiert mich ziemlich. Ich bin weniger beweglich als früher, und vergesslich werde ich allmählich auch.«

Ich hatte gerade vor älteren Leuten einen Vortrag gehalten und wir standen noch gemeinsam vor dem Vortragssaal, als mich ein alter Mann so ansprach. Ich wärmte meine Hände an einer Schale mit grünem Tee und sagte, eigentlich mehr für mich selber:

»Auch ich spüre allmählich, wie die Zeit vergangen ist. Der Rücken tut mir weh, die Beine auch, und schrecklich vergesslich werde ich noch dazu. Das ist alles sehr unangenehm. Es ändert aber nichts, ob ich jetzt darüber nachgrüble, wie gut mein Gedächtnis früher war oder wie schlecht es heute ist, oder es sein lasse: Wie früher wird sowieso nichts mehr werden. Auch nicht das Gedächtnis. Jammern hilft aber nicht weiter. Deshalb habe ich irgendwann beschlossen, ab sofort nicht mehr zurück zu schauen, sondern nach vorne. Nie mehr in meinem ganzen Leben werde ich nämlich noch einmal so jung sein wie gerade jetzt. In einer Stunde bin ich eine Stunde älter. Morgen sind Leib und Seele einen Tag älter. Also habe ich beschlossen, es gibt nur eins: genau jetzt tu ich mein Bestes. Inzwischen habe ich mich mit diesem Gedanken ziemlich vertraut gemacht.« Da sagte der alte Herr: »Das ist es, was ich hören wollte.«

Wenn wir älter werden, wird es schwerer, Pläne für die Zukunft zu schmieden. Manche bringen es irgendwann sogar fertig, nur noch an alte Zeiten zu denken. Ging es uns früher gut und jetzt schlecht, versuchen wir, uns an damals zu erinnern und das Heute zu vergessen. Je besser die Vergangenheit war, umso erbärmlicher mag uns die Gegenwart erscheinen. Doch heute hilft uns das Glück früherer Zeiten nicht weiter. Umgekehrt tragen Menschen oft so schwer daran, wenn ihre Vergangenheit traurig oder gar elend war, dass sie kaum aufrecht stehen können. Aber es ist sinnlos, ständig eine solche Last mit sich herumzuschleppen. Wie immer es früher gewesen sein mag: Wenn wir jetzt glücklich sind, ist alles gut. Wie sehen wir das Heute? Davon hängt es ab, ob wir unsere Erfahrungen nützen können.

Unsere Erfahrungen haben uns zu dem gemacht, was wir heute sind. Jede Erfahrung ist kostbar, wir müssen jede als Schatz betrachten, der unser Leben bereichert.

Junge Menschen leben tendenziell eher in der Zukunft, und dabei sind sie manchmal ziemlich ungeduldig. Es ist zwar wichtig, die Zukunft als Bezugspunkt für Entscheidungen zu nehmen, doch wenn wir nur noch die Zukunft im Blick haben und dabei die Gegenwart übersehen, wird sich diese Zukunft gar nicht erst ereignen. Realistisch können wir der Zukunft nur dann begegnen, wenn wir in der Gegenwart voll und ganz leben.

Mit den Worten des chinesischen Tang-Dichters Han-shan:

Kaum hundert Jahre währt das Leben
und doch sind's tausend Kümmernisse,
die wir ständig hegen.

Wir machen uns oft überflüssige Sorgen. Nehmen wir einmal an, wir fürchten uns davor, krank zu werden. Sind wir dann wirklich krank, befürchten wir, es könnte schlimmer werden und die leichte Krankheit könnte sich zu einer schweren entwickeln. Wenn wir so denken, vergeht uns der Appetit, dann es geht uns noch schlechter. Das wiederum bedrückt unsere Angehörigen. Auf diese Weise wird alles immer schlimmer.

Wenn wir krank sind, sollten wir die Krankheit bei den Hörnern packen. Begegnen wir ihr erhobenen Hauptes und mit offenen Armen! Leben wir lieber so, dass wir durch die Krankheit reifen können, und seien wir dankbar dafür. Nutzen wir Zeiten der Krankheit lieber dafür, über Aspekte des Lebens nachzudenken, die wir sonst einfach übersehen. Wenn wir krank sind und das als Herausforderung betrachten, dann kann es sinnvoll sein und etwas bringen. Dann kann man froh sein über die Krankheit, statt darunter zu leiden, und wenn sie richtig unangenehm ist, kann sie vielleicht noch mehr nützen. Unter solchen Umständen können wir eine Krankheit gewissermaßen zu einer Kraftquelle machen. Das bedeutet Leben aus Zen.

Nach einem Essen mit einigen Gästen hatte ich gerade noch eine Teeschale in der Hand, als mir ein Gedanke kam: »Wenn wir über eine Schale Tee reden, ist es ein himmelweiter Unterschied, ob wir sagen: ›Die Schale ist fast leer‹ oder ›Es ist noch ein bisschen Tee in der Schale‹. Die erste Aussage ist negativ und pessimistisch, die zweite positiv und heiter. Würden wir das Leben nicht ganz anders sehen, wenn wir ein wenig mehr in diese Richtung denken würden?«

Die Dichterin Setsuko Kurobe hat ein Buch über eine Mutter geschrieben, die ein Kind mit einer angeborenen Hirnschädigung hatte. Dieses Kind liebte Bilder, und womöglich konnte dieses Kind überhaupt nichts anderes als malen. Aber die Mutter sprach nicht darüber, was dieses Kindes alles nicht konnte. Sie erzählte glücklich, dass es malen konnte.

Setsuko selbst kann ihre rechte Hand nicht benutzen. Einmal sagte eine Therapeutin zu ihr: »Sie haben doch noch die linke Hand, oder? Versuchen Sie, damit zu schreiben. Sie schreiben besser als die meisten anderen.« Setsuko schrieb: »Ich konzentriere mich auf das, wozu ich in der Lage bin, nicht auf das, was ich nicht kann.« Diese Worte beschäftigen mich sehr.

Wenn wir versuchen, die Dinge von einer anderen Warte aus zu betrachten und dann mehr in diese Richtung denken, dann ersetzen wir Verlust durch Gewinn und können eine schwere Lebenslage umwandeln und sogar feiern.

Hörst du die Kiefern im Wind?

Die Fernsehnachrichten berichteten über die Feierlichkeiten am berühmten Todai-Tempel in Nara, mit denen der Abschluss der Renovierungsarbeiten begangen wurde. Dabei schwenkte die Kamera kurz auf die bronzene Laterne am Rand des Zugangswegs zum Tempel (diese Laterne gehört zu den offiziell ausgewiesenen japanischen »Nationalschätzen«). Auf einer Seite der Laterne sieht man auf einem Bronzerelief einen Jungen Flöte spielen. Als ich diesen kleinen Flötisten sah, fiel mir der Zen-Meister Sodo Yokoyama ein. Er war berühmt dafür, dass er auf Grashalmen musizierte und darauf quasi »Flöte spielte«.

Einmal sprachen Yokoyama Roshi und ich in einer Fernsehsendung miteinander. Die Sendung hieß »Die Graspfeifen-Predigt« und lief in der Reihe »Stunde der Religionen«. Kurz darauf schrieb mir ein Zuschauer einen Brief, in dem der Satz stand: »Das Gespräch zwischen Ihnen und Yokoyama Sensei war so schön, dass es eigentlich schon selbst ein Kunstwerk war.«

Ich werde nie vergessen, was Yokoyama erzählte, als ich ihn einmal bei sich zu Hause besuchte: »Kürzlich sagte ich zu einem Kind: ›Ich kann aus jedem Grashalm eine Flöte machen, wenn ich mag.‹ Da fragte mich das Kind: ›Kannst du das auch mit einer Kiefernnadel tun?‹ – Aber natürlich kann nur der Wind die Kiefern zum Singen bringen. Kein Klang ist so schön wie der, wenn die Kiefern im Wind singen. Ich brauche die Kiefernnadeln nicht zum Klingen bringen, das macht nämlich schon der Wind. Wenn der Wind heult, dann lässt ihn das Universum heulen. Das mag laut sein oder leise, die Stimme des Universums ist es auf jeden Fall. Auch die Stille hat ihren typischen Klang, und jeder Berg hat den seinen.«

Heute ist Yokoyama Roshi tot. Wahrscheinlich pfeifen und flöten jetzt Bäume und Gräser vor seinem Haus gemeinsam mit dem Wind des Universums über seinem Grab. Hören die Menschen, die an diesem Haus vorbeikommen, diesen Klang als die

Stimme des Universums, als Stimme Buddhas oder als die Musik von Yokoyamas Grashalm-Flöte? Wer weiß.

Der Wind geht seine eigenen Wege und hat keine Form. Wir spüren ihn auf der Haut, wir hören ihn im Gras und in den Bäumen, wir sehen ihn, wenn die Wolken über uns hinwegjagen.

Auch den Herbst können wir direkt weder sehen noch hören noch anfassen. Und doch gibt es Zeichen dafür, dass der Herbst beginnt, die Blätter färben sich rot und die Reisähren golden. Wir können ihn riechen und in die Arme schließen, wenn wir nachts die Grillen zirpen hören, wenn ein Sturm den Regen auf die Dächer peitscht oder wenn wir reife Persimonen oder Äpfel pflücken.

Im Himmel und auf Erden sind Geist und Klang des Buddha überall, sie zeigen sich in allen Dingen. Der Kunsthistoriker Muneyoshi Yanagi (1889–1961) schrieb in seinen letzten Lebensjahren ein Buch mit dem Titel *Shin-ge* (Verse vom Herzen). Darin gibt es den Satz: »Buddha nennt man das, was keinen Namen hat.« Tatsächlich hat Buddha ursprünglich weder Name noch Gestalt. Buddha ist überall, in Baum und Grashalm, in Ziegelstein und Felsen. Alles verkörpert Buddhas Geist und Klang, gleich in welcher Form. Buddha wird zum Wind, der durch die Kiefern streift oder das Segel bläht. Buddha wird geboren als Frau oder als Mann. Buddha ist im Guten wie im Bösen, im Schönen wie im Hässlichen.

Der magische Affe mit den Zauberkräften aus dem chinesischen Roman des 16. Jahrhunderts konnte nicht aus Buddhas Hand fallen, und wir können es auch nicht. Immer wenn ich übermütig werde und glaube, aus mir selbst heraus leben zu können, denke ich an ein Gedicht, das ein fünfjähriges Kind geschrieben hat:

Ich denke: »Zunge, sprich«,
und schon bewegt sie sich.
Was setzte die Zunge in Gang,
als ich es ihr befahl?

Die Kraft, die meine Zunge in Bewegung setzt, wirkt ohne Pause auch im Schlaf. Sie bringt die Blumen zum Blühen und die Pferde zum Wiehern. Das ist Buddhas Kraft. Sie hat eigentlich keinen Namen und auch keine Gestalt, doch die Menschen haben sie trotzdem in Kunst gefasst. Aus Holz und Metall haben sie Buddhas und Bodhisattvas in Menschengestalt gemacht, um diese Kraft darzustellen und zu ehren. Wie ein Kind manchmal nach seiner Mutter ruft, rufen wir manchmal Amida Buddha oder Kannon Bodhisattva an. Dann zeigt sich uns alles als Amida oder als eine der vielen Gestalten der Kannon.

An einem heißen Sommertag saß der Chan-Meister Baoche auf dem Berg Mayu in China und fächelte sich mit dem Fächer frische Luft zu. Da kam ein junger Mönch vorbei und fragte: »Das Wesen des Windes ist überall. Es gibt keinen Ort, wo es nicht ist. Wozu braucht Ihr einen Fächer?« Der Meister antwortete: »Du weißt zwar, dass das Wesen des Windes überall ist, aber du kennst nicht den Sachverhalt, dass es an keinem Ort nicht ist.« Da fragte der junge Mönch: »Was also hat damit auf sich, dass es an keinem Ort nicht ist?« Der Meister blieb sitzen, fächelte sich Luft zu und sagte nichts. Das ist keine schlechte Praxis. [Diese Geschichte stammt aus Dōgen Zenjis *Genjōkōan*.]

Das eine ist, wie gut wir verstehen, dass wir Buddha verkörpern. Doch die Fülle unserer Möglichkeiten erkennen wir erst, wenn wir Buddhas Lehren praktizieren. Gleichzeitig verkörpert sich der Buddha sowieso in uns, unabhängig davon, ob wir es verstehen, ob es uns bewusst ist oder ob wir die Lehren praktizieren. Wir verkörpern Buddha in unserem ganz normalen Leben, zum Beispiel, wenn wir sorgsam mit Wasser oder Pflanzen umgehen oder mit ganzem Herzen unseren Haushalt führen. Die Morgensonne glitzert in jedem Tautropfen, ob der jetzt auf einer Blume liegt oder auf einem Kuhfladen. Von daher ist es eine tiefe Freude, wenn wir unsere endliche Existenz als Teil des unendlichen Lebens Buddhas betrachten.

Vor etwa zweihundert Jahren besuchte der Ethnologe Sugae Masumi (1754–1829) unser Kloster Muryoji und widmete unserer wichtigsten Statue, einem Amida Buddha, dieses Gedicht:

Ich fragte diesen Buddha
nach seinem unfassbaren Alter.
Die Antwort gab mir
der Wind in den Kiefern.

Dieses Gedicht erfreut mein Herz immer wieder. Dann horche ich auf die Kiefern im Wind und spüre: ich muss immer so leben, dass man die Kiefern im Wind hören kann.

Das Auge öffnen

Im kaiserlichen Palast gibt es zum Neuen Jahr immer einen Empfang, der sich voll um Poesie und Dichtkunst dreht. Dafür wird jedes Jahr ein Thema gestellt, und in diesem Jahr war das »Berg«. Deshalb suchte ich zum Frühlingsanfang für die Tokonoma-Bildnische unseres Klosters eine Hängerolle heraus, auf der folgende Kalligrafie geschrieben steht: »Alleine sitzen auf dem hohen Berg.«

Zur Zeit der Tang-Dynastie in China (618–907) besuchte ein buddhistischer Mönch den Chan-Meister Baizhang auf dem Berge Daxiong-feng. Der Mönch fragte: »Was ist auf dieser Welt das Höchste?« Der Meister antwortete: »Alleine sitzen auf dem hohen Berg, wie ich's gerade tue.« [*Bi Yan Lu,* Beispiel 26]

Was mache ich gerade jetzt? Diese Frage ist extrem wichtig. Wir müssen sie uns unbedingt stellen, weil sie bestimmen kann, wohin es in unserem Leben geht. Wer ist schon heilig? Und wer kann sich darauf verlassen, gerade jetzt das Richtige zu tun? Wir alle machen gelegentlich dummes Zeug oder verlieren die Beherrschung. Das ist ein Armutszeugnis und wir verschwenden damit Zeit, die wir nie wieder einholen können. Dennoch ist es einigen

Menschen keineswegs bewusst, wie sie leben, und das, wo sie doch jedes Jahr älter werden.

Das beschreibt der Schuljunge Suneda in einem Gedicht:

Mitten in Japan, umgeben von vier Meeren,
dem Pazifischen, dem Ochotskischen,
dem Japanischen und dem Chinesischen,
in der Furukawa-Grundschule –
genau hier ist mein Platz.

Wir sind nicht viel mehr als Staubflocken auf dieser Erde, und trotzdem regen wir uns über Kleinigkeiten auf und streiten uns auch noch darüber. Dann gehen unsere Gefühle mit uns durch. Mit ein wenig Abstand zu uns selbst könnten wir uns mit Buddhas Augen betrachten und das Gefühl haben, dass wir „alleine auf dem hohen Berge sitzen".

Nachlässigkeit ist der Weg des Todes

Vor ungefähr dreißig Jahren schenkte ein Gemeindemitglied unserem Kloster ein großes Rollbild des Malers Ryusen Miyahara, das [den Feuer-Bodhisattva] Fudō Myōō zeigt. Ryusen Miyahara war einer der besten japanischen Künstler seiner Zeit. Er malte buddhistische Motive, und das äußerst produktiv. Ich hatte eigentlich vergessen, dass wir diese Rolle im Tempel hatten, aber als ich doch einmal daran dachte, holte ich sie hervor und ließ sie aufhängen. Miyahara war damals siebenundsiebzig Jahre alt. Ich bat ihn, dem Bild einen Titel zu geben und die Schachtel zu signieren, in der die Rolle aufbewahrt wird. Da gestand er: »Dieses Bild habe ich vor fast vierzig Jahren gemalt, heute ist es mir peinlich. Eigentlich sollte man es gar nicht öffentlich aufhängen. Wäre es noch in meinem Besitz, würde ich es verbrennen.« Kurz danach schrieb er mir in einem Brief: »Der Weg der Kunst ist ohne Ende. Ich kann immer nur eins tun – mein Bestes versuchen.«

Miyaharas Worte berührten mich sehr. Dieser Mann widmete sich vollständig seiner Kunst und war dermaßen streng mit sich selbst. Er hatte sein Leben der Kunst geweiht und Tag um Tag, Stunde um Stunde damit verbracht. In den vergangenen vierzig Jahren hatte er einen ganz bemerkenswerten eigenen Stil entwickelt.

Shakyamuni Buddha sagte: »Sich bemühen führt zum Todlosen, Nachlässigkeit ist der Weg des Todes. Wer sich selbst anspornt, stirbt nicht, und wer sich selbst nachgibt, ist tot, auch wenn er scheinbar lebt.« (*Dhammapada,* Vers 21).

Jeden Augenblick unseres Lebens sollten wir wertschätzen. Der große Zen-Meister Kōdō Sawaki (1880–1965) pflegte zu sagen: Wenn wir nur schlafen und essen, sinn- und zwecklos leben und in diesem Zustand sterben, macht uns das zu Maschinen, die menschliche Exkremente produzieren. So ein Leben können auch Hunde und Katzen führen. Wenn Menschen das tun, ist es erbärmlich, sie vergeuden ihr kostbares Leben. Wir können zwar feststellen, ob jemand atmet, und daraus schließen, dass die Person physisch am Leben ist oder nicht. Aber in dem *Dhammapada*-Vers über das Todlose geht es gerade nicht um diese rein animalische Ebene des Lebens.

Für Menschen ist es angemessen, aus ganzem Herzen das zu tun, was gerade eben anfällt. Wer sich darum bemüht, wird auch nach dem Tod auf dem Weg des Todlosen weitergehen. Es gibt viele verschiedene Aufgaben, die gerade »anfallen«. Was im buddhistischen Sinne nicht dazu gehört, ist die Jagd nach Reichtum, Sex und Ruhm. Verschwenden junge, körperlich kräftige Personen ihre Zeit und bemühen sich um nichts, dann ist ihr Körper nicht mehr wert als ausgebleichte Knochen, die auf der Erde herumliegen. Einige schätzen jeden Tag wie hundert Jahre. Andere leben hundert Jahre elendiglich vor sich hin und haben am Schluss nur vorzuweisen, was man auch in einem einzigen Tag tun kann. Einige lösen sich von Unnötigem und wachsen damit über sich hinaus, andere degradieren und erniedrigen sich selbst. Versuchen wir, wenigstens einen Tag so zu leben, dass es das Herz Buddhas erfreut. Krankheit ist in Ordnung. Fehlschläge sind in Ordnung. Wind und Wellen sollen bleiben, wie sie sind. Doch mein Leben sollte an jedem einzelnen Tag an Tiefe und Leuchtkraft zunehmen. Daher möchte ich jede Stunde so leben, als wäre sie ein ganzer Tag.

Sich selber suchen

Es war Frühling. Eine Gruppe von dreißig jungen Paaren wollte sich einen netten Nachmittag in einem schönen Wäldchen machen. Es waren lauter Ehepaare, bis auf zwei Personen, ein junger Mann und eine Kurtisane. Diese jungen Leute waren alle gebildet und aus guter Familie. Als sie mit ihren Vergnügungen beschäftigt waren, verschwand die Kurtisane mit allen Wertsachen, die die anderen dabei hatten. Die jungen Leute suchten den ganzen Wald nach ihr ab. Dabei kamen sie zu einem Heiligen, der reglos in tiefer Versenkung unter einem Baum saß. Sie gingen zu ihm und fragten ihn: »Ehrwürdiger, habt Ihr eine Frau gesehen?« Er fragte sie: »Ihr jungen Leute, warum sucht ihr sie?« Da erklärten sie ihm, was geschehen war. Der Heilige fragte weiter: »Meine Lieben, was, glaubt ihr, ist wichtiger: diese Frau suchen oder euer wahres Selbst?«

Das hatten die jungen Leute nun nicht erwartet und die Frage verschlug ihnen die Sprache. Die ganze Zeit hatten sie sich ausschließlich um ihren Spaß gekümmert und an nichts anderes gedacht. Doch als der Heilige sie das fragte, kamen sie zu sich. Ohne nachzudenken antworteten sie: »Ganz klar: das wahre Selbst suchen.«

»Setzt euch her, dann erkläre ich euch die wichtigen Lehren«, sagte der Heilige. Er erklärte ihnen, wie es sich mit dem Wahren Selbst verhält. Seine Rede drang tief in ihr Herz, wie warmer Regen in trockene Erde. Mit Freuden wurden sie seine Schüler.

Der Heilige war Shakyamuni Buddha.

Dōgen Zenji sagte im Kapitel *Genjōkōan* des *Shōbōgenzō:* »Den Buddhaweg ergründen heißt, sich selbst ergründen. « Der Buddha lehrte seine Schüler, sich auf keine anderen Menschen zu stützen und auch sonst auf nichts, nur auf das Dharma und sich selbst: »Du bist deine eigene Zuflucht. Was könnte dir sonst Zuflucht sein? Ein Selbst, geübt in Selbstdisziplin, ist eine Zuflucht, wie man sie sonst kaum finden kann.« (*Dhammapada,* Vers 160)

Einige Menschen halten Besitz für den Schlüssel, der alle Türen öffnet, oder Ähnliches. Sie glauben, Geld biete Sicherheit, oder Ruhm und Ehre machten das Leben lebenswert. Und wenn es weder Geld noch Ruhm und Ehre sind, dann ein liebender Ehemann, eine liebende Ehefrau, eigene Kinder oder liebevolle Eltern. Ein »Selbst, geübt in Selbstdisziplin« sieht anders aus. Doch wodurch und wie kann diese Disziplin sich im »Selbst« entwickeln? Dazu braucht es wohl einen langen Atem wie »weiße Wolken über zehntausend Meilen hin« [dieser Satz zitiert ein klassisches chinesisches Gedicht aus der Tang-Zeit].

Einen guten Lehrer suchen

Eihei Dōgen Zenji schrieb in den *Gakudo Yojin-shu* (Anweisungen zum Erlernen des Weges): »Man kann einen Schüler mit einem schönen Stück Holz vergleichen und einen Meister mit einem Holzbildhauer. Sogar sehr schönes Holz zeigt seine feine Maserung erst dann, wenn es von einem guten Handwerker oder Künstler bearbeitet wurde. In den Händen eines guten Bildhauers wird sogar verzogenes Holz zu einem schönen Stück.«

Dōgens Vergleich der Meister-Schüler-Beziehung mit der Beziehung zwischen Holzbildhauer und Holz beschreibt, wie wichtig ein echter Lehrer, eine echte Lehrerin ist. Dōgen Zenji ging sogar so weit, dass er den Übenden empfahl, es besser gleich aufzugeben, wenn sie keinen guten Lehrer finden könnten. Das ist hart, aber wahr.

In der Schule liegt es oft am Lehrer oder an der Lehrerin, ob wir ein Fach mögen oder nicht. Es beeindruckt mich immer wieder, wie wichtig gute Lehrende sind, und wie schwierig es ist, eine geeignete Person zu finden. Das gilt für die Teezeremonie genauso wie für Ikebana, das japanische Blumenstecken, oder für die Berufsausbildung. Und es gilt für das Leben selbst.

Ein guter Lehrer, eine gute Lehrerin, weiß tief in sich, wie grenzenlos der Weg ist. Sie kennen auch ihre eigene Begrenzung und wissen, wie endlich ihr Mitgefühl ist, jedenfalls im Vergleich zu Tiefe und Breite des Wegs. Folgerichtig machen gute Lehrende auch nicht viel Aufhebens um sich. Man erkennt wahre Lehrer nicht daran, wie sie äußerlich daherkommen. Nur sie sagen uns Dinge, die wir nicht gerne hören. Sie spielen nicht die große Autorität, kleiden sich bescheiden und führen ein einfaches Leben. Sie lernen vom Dharma an sich und konzentrieren sich voll und ganz darauf, den Weg zu suchen und zu praktizieren.

Sogar ein so großartiger Lehrer wie Shakyamuni Buddha hinterließ seinen Schülern als Vermächtnis: »Ich bin nicht euer Lehrer. Euch lehrt nur das Dharma, die wahre Lehre.«

Dōgen Zenjis liebevolle Worte unterstützen uns bei der Suche: »Wie schwierig oder schmerzhaft die Übung auch sein mag, die Zen-Übenden sollten die Anleitung Erfahrener suchen, gerade dann, wenn ihre Willenskraft auf dem Weg eher schwach ist.« Er sagte auch: »Was wir wirklich ernsthaft wünschen, können wir erreichen.« Das sollte uns Mut machen. Wir müssen uns nur den Schlaf aus den Augen reiben und uns auf die Suche machen – nach dem guten Lehrer, der richtigen Lehrerin.

Achtsam sein auch ohne Zeugen

Wenn andere Leute in der Nähe sind, bemühen wir uns in der Regel darum, uns vernünftig und bescheiden zu verhalten. Das kann sich aber ändern, sobald wir alleine sind. Doch gerade dann zeigen wir, wie wir wirklich sind. Dabei sind wir sowieso nie völlig unbeobachtet, auch wenn wir uns ganz alleine fühlen: Buddha, Götter und Göttinnen, der Himmel beobachten uns – und unser inneres Ich.

Wenn wir Gutes getan haben, wollen wir oft genug gelobt und anerkannt werden, auch wenn niemand uns dabei gesehen hat. Dann gehen wir herum und erzählen, was wir getan haben. Erkennt man es nicht an oder sagt gar Schlechtes über uns, sind wir enttäuscht und finden unsere Tat schließlich selber nicht mehr so gut. Haben wir dagegen etwas Böses getan, dann fürchten wir, es könnte herauskommen, und wollen es lieber vertuschen. Gelingt uns das, verbuchen wir es innerlich als Erfolg.

Die Leute lassen sich leicht an der Nase herumführen und sie urteilen oft ohne eine vernünftige Begründung. Solange wir andere Menschen und ihre Meinungen zum Maßstab für unser eigenes Handeln nehmen, vergeuden wir unser Leben. Wenn wir etwas nur tun, weil es andere Leute gut finden könnten, ändert das nichts daran, dass wir es selbst getan haben. Das bleibt bestehen und für immer bildet diese Tat eine Seite im Buch unseres eigenen Lebens. Und so beeinflusst sie positiv oder negativ, wie wir uns charakterlich weiterentwickeln.

Ob wir Gutes oder Böses tun, alles bleibt, wie es ist. Es wird nicht wertvoller, wenn andere uns dafür loben, und verliert nichts an Wert, wenn sie uns tadeln. Es wird einfach alles zu einer karmischen Kraft, und die ist Bestandteil unseres Lebens. Auf diese Weise prägt unser Handeln unweigerlich unsere Persönlichkeit.

Achtsam sein heißt: Wir wollen das Gesetz des Universums von Grund auf erfahren, uns von Lob und Kritik dieser Welt nicht aus der Ruhe bringen lassen und uns jederzeit angemessen verhalten.

Das ist zwar praktisch sehr schwierig, doch ich behalte einfach diese Worte im Kopf und bemühe mich, jeden Tag so zu leben.

Vom Haben zum Sein

Geld, Ruhm, Ehre, Ehemann, Ehefrau, Kinder – all das gilt landläufig als Quelle des Glücks. Es handelt sich bei allem um etwas, was man als »Eigentum« einzelner Personen bezeichnen könnte. Manche Besitztümer ändern sich mit dem Alter; so passen wir unserem Lebensalter an, wie wir uns kleiden. Doch alles, was wir besitzen können, ist vergänglich. Deshalb ändert es sich von Natur aus und verschwindet irgendwann ganz. Leben bewegt sich notwendig Richtung Tod, Jugend wird zu Alter, Liebe kann sich in Hass verwandeln. Ein Berg Ersparnisse kann zu einem Haufen Schulden werden. In der Welt der Unbeständigkeit ist das völlig natürlich. Wer glaubt, das Glück liege im Besitz, der doch unbeständig ist wie Seifenblasen, befindet sich von vorneherein auf dem Holzweg. In *Emile oder Über die Erziehung* schrieb Jean-Jacques Rousseau: »Kein Mensch kommt als König, Adliger, Höfling oder Reicher auf die Welt. Ein jeder wird arm und nackt geboren. ... Und der Tod ist ihm bestimmt.«

Eine Weile, von der Geburt bis zum Tode, kostümieren wir uns auf verschiedenste Art, tragen die herrlichen Gewänder einer Königin, Bettlerlumpen, Mönchskutten oder die teure Mode der Reichen und Schönen. Fast alle Menschen lassen sich ihr Leben lang von Kleidern blenden. Trotzdem sind sie Hüllen, weiter nichts. Wenn wir die Kleider ausziehen, sind wir einfach nackt und bloß. Was machen wir dann?

Als Shakyamuni Buddha das erkannte, gab er alles auf, verließ die normale Gesellschaft und suchte ernsthaft nach dem richtigen Leben. Er suchte nicht mehr nach irgendwelchen Dingen, sondern nach sich selbst. Er wollte das wahre Glück finden, das nicht vergeht.

Deshalb verließ er die Welt und begann mit der spirituellen Praxis.

Besitz ist zweitrangig. Es geht um den Menschen an sich und darum, wie er dem Leben begegnet. Was ist da richtig? Ganz einfach: Schau nicht überall herum, schau nicht über dich hinaus. Suche das Glück weder anderswo noch zu anderen Zeiten – nicht morgen, nicht im nächsten Jahr und nicht im nächsten Leben. Immer und überall müssen wir nur eins tun: uns selber aufrecht halten und gerade sitzen.

In dem chinesischen Gedicht »Den Frühling suchen«, das oben zitiert ist, beschreibt Tai-i, wie er den ganzen Tag herumlief und den Frühling suchte, ihn aber nicht finden konnte. Dann gab er auf und ging nach Hause. Erst als er dort zufällig mit der Nase auf einen blühenden Pflaumenzweig stieß, fand er schließlich den Duft des Frühlings. Der Frühling war schon da, und zwar genau dort, wo Tai-i sowieso lebte. Es war überflüssig gewesen, dass er überall danach suchte. Solange wir draußen suchen und nicht in uns selbst, werden wir niemals dauerhaft glücklich.

Auch wenn du ordiniert bist und das Weltleben hinter dir gelassen hast, kommt so lange nichts dabei heraus, wie du außerhalb deiner selbst suchst. Wo wir auch sind, wir können nur sitzen, alles annehmen, was uns begegnet, und nicht davonlaufen.

Wahres Glück

Die Menschen in der Welt sind ständig unterwegs und jagen dem Glück hinterher. Man definiert das Glück, beschreibt Stufen des Glücks, untersucht sie wissenschaftlich, entwirft Philosophien darüber – und am Schluss will man es auch noch erreichen. Politiker debattieren über die beste Regierungsform. Auch die Religionen suchen nach dem Glück. Im Buddha-Dharma hat wahres Glück viele Namen: Paradies, Seelenfrieden, das andere Ufer oder Wiedergeboren-werden-im-Reinen-Land. Die Ausdrücke unterscheiden sich ein wenig, aber alle beschreiben, dass Menschen glücklich sein wollen. Nur versteht man im Dharma unter Glück nicht unbedingt dasselbe wie im Alltag.

Buddhas Cousin Aniruddha wurde sein Schüler, und dieser Aniruddha schlief einmal ein, während Shakyamuni eine Ansprache hielt. Nach der Ansprache nahm ihn der Buddha zur Seite und wies ihn zurecht. Da empfand Aniruddha tiefe Reue und schwor sich, nie wieder zu schlafen. Doch sein intensiver Kampf um das ständige Wachbleiben ließ ihn schließlich erblinden. Trotzdem musste er als Schüler Buddhas weiterhin sein Gewand selber flicken.

Eines Tages flüsterte Aniruddha: »Könnte mir vielleicht jemand, der wirklich glücklich werden will, die Nadel einfädeln?« Er blinzelte mit seinen stumpfen Augen und zeigte auf das Nadelöhr.

»Lass' mich einfädeln«, sagte jemand und kam zu Aniruddha. Es war Shakyamuni Buddha selbst. Aniruddha war erstaunt: »Ich bin deine Freundlichkeit nicht wert. Nicht im Traum würde ich daran denken, dich mit so etwas wie Faden-Einfädeln zu belästigen. Aber ...«, platzte es aus ihm heraus, »solltest ausgerechnet du glücklich werden wollen?« Der Buddha entgegnete ruhig: »In der ganzen Welt strebt niemand mehr nach Glück als ich.«

Die Menschen dieser Welt suchen nach einem Glück, das sich übersetzt mit: lieber reich als arm sein, lieber gesund als krank, lieber erfolgreich als erfolglos, lieber schön als hässlich, lieber Gewinn erleben als Verlust und lieber Liebe als Hass. Die meisten Menschen machen es von äußeren Ereignissen abhängig, wie zufrieden sie sich fühlen. Aber was wir auch wünschen mögen: Im wirklichen Leben sind Glück und Unglück untrennbar verknüpft und die Dinge nehmen ihren Lauf, ohne sich um unsere Wünsche zu kümmern.

Shakyamuni Buddha sah diese Wahrheit aus der Perspektive des Erwachten. In seinem ersten Schritt auf dem Weg ließ er alles hinter sich, was normale Menschen als Quelle des Glücks betrachten. Er verzichtete auf seine Ansprüche als Kronprinz, gab Frau und

Kind auf und machte sich als Bettelmönch auf den Weg. Nach sechs Jahren spiritueller Praxis zog er Bilanz. Er lehrte, man könne so lange kein Glück finden, wie man es außerhalb seiner selbst sucht. Er lehrte auch, dass wir glücklich sind, wenn wir jede Lebenslage als Segen empfinden, wie sie gerade ist, auch wenn wir arm sind oder krank oder mit anderen Schwierigkeiten konfrontiert.

Es gibt eine Geschichte über Himmel und Hölle. Es war einmal ein Mensch, der beide Orte besuchen durfte. Im Himmel sah er viele Menschen und in der Hölle auch. Im Himmel wie in der Hölle saßen die Menschen um einen gedeckten Tisch herum, der sich unter den vielen köstlichen Speisen bog. In der rechten Hand hatten alle Essstäbchen, die linke Hand aber war am Stuhl festgebunden. In der Hölle war es so: Die Leute verrenkten sich die Arme auf alle möglichen Arten, aber die Stäbchen waren so lang, dass sie keinen Bissen zu sich nehmen konnten. In ihrer Ungeduld kamen sie sich ständig in die Quere mit den langen Essstäbchen, beschimpften sich und heulten herum. Und die Köstlichkeiten landeten irgendwo im Raum.

Im Himmel war es so: Dort nahmen die Leute mit ihren überlangen Stäbchen die Lieblingsspeisen der anderen auf und fütterten sich gegenseitig. Das sah ausgesprochen friedlich aus und alle konnten das Essen genießen.

Ob am hiesigen Ufer oder am anderen, ob im Himmel oder in der Hölle: Das Problem ist immer das gleiche. Es kommt darauf an, wie man dazu steht und ob man die Dinge akzeptiert, wie sie sind.

Wenn wir nach dem Paradies suchen, dem anderen Ufer, dem Glück, dem Buddha oder der Erleuchtung – wir finden nichts, solange wir außerhalb unser selbst suchen. Wir können unsere Möglichkeiten nur erkennen, wenn wir nach innen schauen.

Im Reinen Land wiedergeboren werden – das ist kein Ereignis, das in Raum und Zeit stattfindet. Was Himmel und Hölle sind, hängt davon ab, wie wir uns selber innerlich dazu stellen. Wie es

Dōgen in *Fukan Zazengi* (Allgemein empfohlene Anleitung zum Zazen) erklärt: »Schon der kleinste Abstand zwischen dir und dem Weg wird letztlich so groß wie der zwischen Himmel und Erde.« Das *Dhammapada* beschreibt es in Vers 98 so: »Wo sich Erwachte auch befinden – in einem Dorf oder im Wald, im tiefen Meer oder auf trockener Erde – an einem solchen Ort wird immer Friede sein.«

Dinge haben wollen oder ablehnen, begehren oder verabscheuen – diese Art von Denken würde ich gerne hinter mir lassen. Stattdessen möchte ich alles, was mir hier und jetzt begegnet, als Übungsfeld nehmen und als heitere Zuflucht.

ZWEITES BUCH

ZEN-WORTE FÜR DICH

Steter Tropfen höhlt den Stein

Du kannst, was du tust.
Du kannst nicht, was du nicht tust.
Wer denkt, das kann ich nicht
hat es noch nicht versucht.

Die alte Nonne, bei der ich ab meinem fünften Geburtstag aufwuchs, sprach dieses Gedicht immer leise vor sich hin. Sie wollte damit nicht unbedingt andere Leute ermutigen, sondern eher ihren eigenen Entschluss stärken. Immer wieder murmelte sie es. Mein junges Herz nahm das Gedicht voll in sich auf, den Inhalt und die Art, wie sie es sagte. So schlug es tiefe Wurzeln, und ich glaube, dass mir der Geist dieses Gedichts sehr geholfen hat, auch wenn mir das gar nicht bewusst war.

Alles ist erreichbar, wenn ich es versuche.
Nach diesem Leitspruch lebe ich schon immer.

Meine wahren Lehrer sind die Vögel,
sie brachten mich zum Schreiben mit dem Mund.

Es war die buddhistische Nonne Junkyo Ohishi, die diese beiden Gedichte schrieb. Ihr Leben zeigt, wie man sogar ungewöhnliche

Schwierigkeiten meistert, wenn man sich hingebungsvoll darum bemüht.

Manjiro Nakagawa war Besitzer eines Geisha-Hauses im Rotlichtbezirk Horie in Osaka. Im Juni 1904 erfuhr er, dass ihn seine Ehefrau betrogen hatte. Da drehte er durch und ging mit dem Schwert auf sechs Geishas los. Fünf waren sofort tot, eine einzige überlebte wie durch ein Wunder. Sie hieß Tsumakichi und war in dieser Sommernacht siebzehn Jahre alt. Aber sie hatte beide Hände verloren und konnte nicht mehr tanzen wie zuvor. Da schloss sie sich einer Truppe von Wanderschaustellern an.

Einmal, die Truppe zog gerade durch den Norden Japans, kamen sie zur Stadt Sendai. Tsumakichi war in einem Gasthaus einquartiert. Dort hing an einem Ahornbaum im Garten ein kleiner Vogelkäfig, in dem ein Pärchen Kanarienvögel mit seinen Jungen lebte. Es war sehr eng in dem Käfig, und sie konnten nicht herumfliegen. Dennoch sangen sie in den höchsten Tönen, und zwischendurch fütterten sie ihre Jungen mit dem Schnabel.

Da überlegte Tsumakichi: »Sie machen tatsächlich alles mit dem Schnabel. Ich habe auch einen Mund. Eigentlich könnte ich auch alles mit dem Mund machen. Ich werde es versuchen.« Sie erinnerte sich an die Worte ihres Pflegevaters in Horie, des Mannes, der ihr die Hände abgeschlagen hatte. Er hatte oft gesagt: »Was die anderen können, können wir schon lange. Es hängt nur davon ab, wie sehr wir uns anstrengen.« So beschloss sie, noch einmal von vorne anzufangen.

Tsumakichi, die bis dahin nicht hatte schreiben können, nahm einen Pinsel zwischen die Zähne und begann, hartnäckig und zäh zu üben. Später wurde sie Nonne und trug den Namen Junkyo Ohishi. Ihre mundgemalten Bilder und Kalligrafien wurden weithin ausgestellt, sie gingen bis nach München. Sie machte auch anderen Behinderten Mut: »Man kann nichts daran ändern, wenn der Körper nicht voll funktioniert. Aber lass nie zu, dass dein Herz nicht voll funktioniert.« Diese Nonne war als eine Art Mutter der Behinderten beliebt. Mit ihrem Leben verkörpert sie die umfassende Anstrengung, die aus einem tiefen Vertrauen erwächst.

In *Shin-ge* sagt Muneyoshi Yanagi: »Gib dich ganz hin. Dann bereust du nichts.« Es gibt nichts, was nicht durch den Mut der Verzweiflung zu gewinnen wäre.

Dōgen Zenji sagt im *Shōbōgenzō Zuimonki:* »Die Unterscheidung zwischen Klug und Dumm greift nur bei Leuten, die noch keinen tiefgehenden Entschluss gefasst haben. Fällt jemand vom Pferd, so schießen ihm im Sturz die verschiedensten Gedanken durch den Kopf. Bei einem so folgenschweren Ereignis, das den Leib schädigen oder gar das Leben kosten kann, bietet jeder Mensch all seine Geisteskräfte auf. In einem solchen Fall denken die Gescheiten wie die Dummen, und ihr Geist wird von selber herauszufinden suchen, was zu tun sei.«

In einer Situation auf Leben oder Tod kann man nicht in der Gegend herumschauen oder herumfantasieren, dafür reicht die Zeit nicht aus. In diesem Augenblick hängt alles davon ab, wie sehr man bei der Sache ist. Dōgen empfahl, lebenslang voll und ganz bei der Sache zu sein. Nachgrübeln, wie schlau ich bin, Ausschau halten, wer etwas für mich tun könnte, mein Geld so effektiv wie möglich anlegen – wer vor allem das im Sinn hat, zeigt nur, dass es mit der Ernsthaftigkeit nicht so weit her ist. Wenn wir passiv sind, nicht aufrichtig mit uns selbst oder uns von anderen abhängig machen, dann ist uns letztlich sogar ein Weg versperrt, der uns zuvor offen stand. Oder eine weit offene Tür kann sich wieder schließen. Umgekehrt kann sich eine verschlossene Tür auch öffnen, falls wir uns anstrengen und Probleme beherzt und entschieden angehen. Wie wir das Problem lösen, liegt nicht an den anderen, sondern an uns selbst.

Wasser kann einen Stein aushöhlen, wenn es ununterbrochen tropft. Ein Fluss kann bei Regen so anschwellen, dass er große Steine mit sich reißt. Shakyamuni Buddha sagte im *Yuikyo-gyo* (Das

Sutra von Buddhas Vermächtnis): »Ihr Mönche! Nichts ist unmöglich, wenn ihr ernsthaft daran arbeitet. Aber zuerst müsst ihr all eure Kraft aufwenden, wie das Wasser, das unaufhörlich fließt und ganze Felsen abträgt. Lasst ihr im Üben nach, wird das Ganze sehr schwierig. Ihr reibt ja auch nicht zwei Stöcke zum Feuermachen aneinander und hört auf, bevor sie heiß sind. Das ist die wahre Hingabe.«

In Dōgens *Shōbōgenzō* heißt es im Kapitel *Hachi dainin gaku* (Die Acht Übungen des großen Menschen) sinngemäß: Der vierte Aspekt ist die Hingabe. Hingabe heißt, immerzu Gutes tun, ohne Hintergedanken und mit voller Aufmerksamkeit. Die menschliche Kultur entwickelte sich rasant, als die Menschen lernten, das Feuer zu beherrschen. In alten Zeiten war es eine sehr wichtige Aufgabe, das Feuer zu hüten. In jedem Haushalt gehörte es zu den wichtigsten Aufgaben der Frauen, das Feuer dauernd am Brennen zu halten. Man machte Feuer, indem man Feuersteine aufeinanderschlug, bis die Funken stoben, oder man rieb zwei Hölzer ohne Pause lange aneinander. Wenn man aufhört, ist es vorbei mit dem Feuermachen. Es ist wie beim Menschenherz – wenn es stehen bleibt, dann sterben wir. Die Sonne macht auch keine Pause. Auch bei der Zen-Übung hilft es nichts, Pausen zu machen.

Zu Buddhas Zeiten wurde ein junger Mann aus angesehener Familie Buddhas Schüler. Er hießt Sona Kolivisa. Mit ganzem Herzen stürzte er sich in die Meditation, doch nie erwachte er zur Erleuchtung. Da verlor er das Zutrauen zu sich selbst, kam durcheinander und dachte darüber nach, in die Welt zurückzukehren. Einmal fasste er sich ein Herz und erzählte Shakyamuni Buddha von seinen Gedanken.

Der Buddha fragte ihn ganz ruhig: »Sona, ich habe gehört, du hast früher hervorragend Koto gespielt. Wie ist das, wenn man die Saiten der Koto zu fest anspannt – dann leidet doch der Klang darunter, oder?«

»Ja, Herr. Das beeinträchtigt den Klang sehr und es kann sogar passieren, dass die Saiten reißen.«

»Gut. Und wenn die Saiten zu locker gespannt sind, dann bekommt man auch keinen guten Klang, oder?«

»Genau. Der Klang ist nur richtig, wenn die Saiten weder zu straff noch zu lose gespannt sind.«

»Höre, Sona. Mit der Übung des Weges verhält es sich ganz genauso. Wenn du dich zu stark anspannst, gewinnst du den Frieden des Geistes nicht. Bist du dagegen zu lasch, wirst du schnell faul. Sona, auch hier ist der Mittlere Weg der richtige.«

Damit erklärte der Buddha geduldig und liebevoll, was wahre Hingabe an den Weg bedeutet: keine Hochspannung und keine Nachlässigkeit.

Eins mit dem Leben

Dōgen Zenji versteht unter Hingabe, wie wir gesehen haben, dass wir ohne Pause Gutes tun und an nichts anderes denken. Doch das genügt nicht. Es ist noch keine wahre Hingabe, wenn man sich einfach einer Sache widmet. Wir können uns auch weltlichen Bedürfnissen intensiv widmen und uns dabei sogar ungemein anstrengen – doch das ist keine Hingabe im Sinn des Dharma. Wir können uns auch »hingebungsvoll« dem Ziel verschreiben, es zu Besitz und Ruhm und Ehre zu bringen – Hingabe im Dharma-Sinn kann man das nicht nennen. Im Grunde tut man genau dann Gutes, wenn man mit dem Buddha-Weg im Einklang ist oder einfach mit der natürlichen Ordnung des Universums. Das ist etwas völlig anderes, als darauf hin zu arbeiten, dass sich all unsere Wünsche erfüllen.

Yoshio Toi ist buddhistischer Mönch und war früher Grundschulrektor. Von ihm stammt das folgende Gedicht:

Du magst sagen, »ich lebe doch«,
doch das tut auch ein Wurm.
Wir sind Menschen –
unser Leben verlangt Menschenwürde.
Du magst sagen, »ich lebe doch mit aller Kraft«,
doch auch Raupe und Tausendfüßler leben mit aller Kraft.
Menschen sollten nicht wie Raupen oder Tausendfüßler leben.
Steigt durch uns das Glück auch nur für wenige –
wär' nicht »Leben mit aller Kraft« dem Menschen gemäß?

Das Gegenteil von Hingabe ist Nachlässigkeit. Wer sich weltliche Wünsche erfüllt, mag sich dafür anstrengen. Aber das ist keine Hingabe, eher eine Form der Nachlässigkeit. Konzentrieren wir unsere Wünsche auf den Weg und gehen diesen Weg selbstlos und ohne Pause, dann ist das wirkliche Hingabe im Sinn des Zen.

Die Frage der Hingabe erinnert mich an eine Geschichte, die Zen-Meister Kōdō Sawaki in einer Lehrrede (*Teisho*) erzählte, kurz nachdem ich zur Nonne ordiniert worden war:

Im Gebirge brannte der Wald. Die Tiere des Waldes flohen, so schnell sie konnten. Nur ein kleines Vogelweibchen wollte unbedingt das Feuer löschen. Ein ums andere Mal tauchte sie ihre Flügel in den Fluss, flog zurück zu dem brennenden Wald und besprengte ihn mit dem Wasser, das sie auf ihren Flügeln trug. Die anderen Vögel machten sich lustig über sie. Sie konnten sich nicht vorstellen, was das für einen Effekt haben sollte, außer dass der kleine Vogel am Schluss völlig erschöpft wäre. Dieses Vogelweibchen aber ließ sich aber nicht beirren, sie konnte genau das tun und nicht mehr. Da empfand eine Himmels-Gottheit Mitgefühl mit ihr. Sie schickte einen Wolkenbruch, und so verlosch das Feuer schließlich.

Bevor wir irgendetwas tun, überlegen wir meistens, was dabei herauskommen kann. Wir denken darüber nach, ob es sich lohnt und was andere Leute davon halten könnten. Schließlich bekommen wir so viel Angst vor dem Scheitern, dass wir überhaupt nichts tun. »Leben heißt wachsen, sich immerfort hingebungsvoll bemühen, weitergehen und nach vorne schauen«, sagte die Schriftstellerin Yaeko Nogami (1885–1985) mit über achtzig Jahren. Im hohen Alter studierte sie noch Deutsch und Philosophie bei Hajime Tanabe, einem Philosophen und emeritierten Professor an der Universität Tokio. Ich denke oft an sie.

Katzen und Hunde leben vor sich hin, sie essen und schlafen, mehr nicht. Wir Menschen sollten nach menschlicher Weise in Würde leben. Was bedeutet das?

Im *Dhammapada* steht in Vers 21: »Sich bemühen führt zum Todlosen, Nachlässigkeit ist der Weg des Todes. Wer sich selbst anspornt, stirbt nicht, und wer sich selbst nachgibt, ist tot, auch wenn er scheinbar lebt.« Gehen wir weiter auf dem Dharma-Weg, setzen wir einen Fuß vor den anderen und hören wir nicht auf damit. Das heißt wahrhaft menschenwürdig leben. Der Buddha sagt mit diesen Sätzen, dass es dem Menschen nicht angemessen ist, wenn er dem Geld hinterherläuft. Das führt dazu, dass er sich vom Geld versklaven lässt – und das ist der »Weg des Todes.«

Geradeaus um alle Kurven

In meiner Verwandtschaft gibt es einen Töpfer. Jedes Jahr macht er eine eigene Ausstellung in einem Tokioter Kaufhaus. Einmal ging ich hin und schaute mir seine Sachen an. Als Erstes fiel mir eine Schale ins Auge, die er mit zwei Disteln bemalt hatte. Sie waren von einem sanften und doch intensiven Blau, dessen Ton mich an traditionell gefärbtes Tuch erinnerte. Eine der beiden Disteln war lang, die andere kurz, und im Hintergrund zog eine Wolke. Man konnte fast den Wind über das friedliche Hochland hinwegstreifen hören, wo sie wuchsen. Beim Anblick der Disteln kamen mir die langen Jahre in den Sinn, in denen sich der Töpfer mit Haut und Haar seiner Sache verschrieben hatte.

Er war vierundzwanzig, als er zum ersten Mal einen Künstler-Preis gewann, und zwar bei der renommiertesten jährlichen Kunstausstellung Japans, der Nitten. Sein Ausstellungsstück war ein großer Zierkrug gewesen, und schon damals hatte er auf die gleiche Weise gearbeitet wie jetzt bei dieser Schale. Auch den Krug hatte er mit Disteln in sattem Blau bemalt. Blüten, Blätter und Stängel waren groß gewesen, und die Disteln hatten widerspenstig gewirkt, fast als forderten sie den Wind heraus. Sie schienen zu flüstern: »Komm nur – wir stechen dich schon.« Das war ein paar Jahrzehnte her.

Die Disteln auf dieser neuen Schale nun wirkten, als ob sie sich im Winde wiegten und sich auch jederzeit dem Regen öffnen würden. Sie sahen aus, als wären sie völlig im Reinen mit sich und mit ihrem Platz in der Welt. Sie kamen sich weder gut noch schlecht vor, sondern legten eine Art natürlicher Eleganz an den Tag. Der Töpfer hatte zwar alle möglichen Dinge ausprobiert, im Grunde aber sein ganzes Leben ein einziges Ziel verfolgt. Ich empfand großen Respekt für diesen Meister, der so beharrlich sein Thema bearbeitet hatte.

Ich blieb stehen und empfand es als unglaublich würdevoll, wie sich seine Hingabe in diesen zarten Disteln spiegelte. Plötzlich fiel mir der buddhistische Priester und Professor Kazuyoshi Kino (1922–2013) ein. Ich hatte ihn besucht, bevor ich in diese Ausstellung ging, und gerade als ich gehen wollte, hatte er gesagt: »Auch eine Kastanie wird nicht grundlos alt.« Wir hatten gemeinsam Süßigkeiten aus Edelkastanien gegessen. Dabei war mir eine Geschichte eingefallen, die ich erzählt hatte.

Der Abt unseres Hauptklosters hatte früher einmal als Lehrer an einer Schule gearbeitet. Der Vater eines seiner früheren Schüler besaß eine Konditorei in Nakatsugawa. Dort verarbeiteten sie nur die Früchte einer hundert Jahre alten Edelkastanie zu Süßigkeiten. Der junge Mann war überzeugt, dass diese Kastanien anders schmeckten als die Früchte von jungen Bäumen, und schlug ihm vor, sie zu versuchen. Eines schönen Herbsttages schickte er ihm eine Dose seiner Süßigkeiten, und das machte er von da an jedes Jahr.

Mich hatte es nie restlos überzeugt, dass Kastanien von einem alten Baum anders schmecken sollten als die von einem jungen. Kino schon. Er sagte tief bewegt: »Auch eine Kastanie wird nicht grundlos alt.« Zunächst stutzte ich. Dann dachte ich nach und schließlich verstand ich, was er damit hatte sagen wollen.

Von Herrn Kino aus ging ich in die Ausstellung. Dort sah ich diese Schale mit den Disteln. Sie verwies auf die Mühe vieler Jahre und die Hingabe, die der Töpfer sein Leben lang praktizierte. Das erinnerte mich an das Gespräch über die Kastanie. Gedankenverloren blieb ich davor stehen. Seitdem sind gut zehn Jahre vergangen, und bis auf den heutigen Tag malt der Töpfer seine Disteln.

Der Maler Kenichi Sakuma aus Kyoto hat immer wieder »sein« Motiv gemalt, inzwischen mehr als fünfzigtausend Mal. Es ist ein Kind in meditativer Versenkung. Sakumas reine Hingabe und die unaufhörliche Anstrengung des Töpfers erinnern mich an Dōgen Zenjis Anweisung, ohne Unterlass Gutes zu tun und dabei an nichts anderes zu denken.

Das heißt nicht, dass man keine Pause machen darf. Es ist eher wie beim Autofahren. Wir können nicht erwarten, dass jede Ampel grün ist, an der wir vorbeikommen. Manchmal müssen wir bei Rot stehenbleiben, das kann im normalen Leben zum Beispiel heißen, dass wir krank werden. Manche Menschen sind erst einmal wild entschlossen – doch wenn es Schwierigkeiten gibt und die Sache völlig aussichtslos erscheint, sagen sie: »Es hat keinen Sinn«, geraten in Verzweiflung und geben auf. Aber wenn wir innehalten und stehen bleiben oder einen Umweg machen, kann uns das mehr innere Kraft geben, als auf einer geraden und glatt geteerten Straße entlangzufahren.

Der Zen-Meister Genshu Watanabe rief gegen Ende seines Lebens einen Mönch an sein Lager, der erst kurz zuvor sein Schüler geworden war. Der Zen-Meister fragte: »Wie kannst du dich geradeaus bewegen, wenn du auf einem steilen Bergpfad unterwegs bist, der neunundneunzig Kurven macht?« Der junge Schüler musste passen. Da sagte der Meister: »Bewege dich geradeaus um alle Kurven.«

Fordert man uns auf, geradeaus zu gehen, dann glauben wir unsinnigerweise, wir sollten Berge, Hügel, Flüsse und das Meer in Luftlinie überqueren. Dann ignorieren wir Verkehrsampeln, rasen los wie ein Rennfahrer und schauen weder links noch rechts. Aber wir irren uns, wenn wir so dahinschlingern und glauben, dabei vorwärtszukommen. Stattdessen: »Bewege dich geradeaus um alle Kurven.«

Hier und jetzt den eigenen Platz ausfüllen

Das Gegenteil von Hingabe ist Nachlässigkeit. Die beruht, wie gesagt, auf Verblendung oder Unwissenheit. Lasst einfach die Gedanken an eure Vorlieben hinter euch und widmet euch mit aller Energie dem, was gerade nötig ist.

Kürzlich las ich Michio Mados Gedicht »Putzlappen«, und es berührte mich sehr; Mado wurde 1909 geboren (und starb 2014), schrieb Kinderbücher und befasste sich auch wissenschaftlich damit. Das Gedicht lautet:

Es regnete, ich kam nach Haus zurück,
im Eingang lag ein Putzlappen für mich.
»Ich bin ein Putzlappen«
sagte er und schaute freundlich.
Er hatte es nicht werden wollen,
vor Kurzem noch war er ein Hemd,

so zart wie meine Haut.
Zuvor war's eine Baumwollblüte,
lächelnd in Sonne und Wind
Vielleicht in Amerika, vielleicht woanders.

Würde man mich fragen, wäre ich vermutlich lieber ein schönes Hemd als ein Putzlappen. Ein Lappen ist nicht weniger wert als ein Hemd. Und doch ist es sehr schwierig, mit einem Lappen zu putzen, der eigentlich ein Hemd ist. Ein Hemd sollte mit ganzer Kraft Hemd sein, und ein Putzlappen sollte mit aller Kraft als Putzlappen arbeiten. Das bedeutet, dass man den eigenen Platz im Leben ausfüllt. Das ist die wahre Hingabe, das ist ein Leben auf dem Weg.

Pflaumenblüten im Schnee

Pflaumenblüten sind besonders schön, wenn sie an einem schneebedeckten Zweig wachsen. Ihr Duft erfüllt die Winterkälte. Als ich die ersten Pflaumenblüten sah, kam mir der Spruch eines alten Weisen in den Sinn: »Pflaumenblüten am Baum duften im Einklang mit dem Schnee.«

Ich saß drinnen am Tisch und sah sie, als ich aufschaute. Mir schien, als hätten mir die Pflaumenblüten etwas über das Leben zu erzählen. Sie trotzen der winterlichen Kälte und blühen und duften weithin. Den schweren, kalten Schnee nehmen sie an und wandeln ihn zu Schmuck.

Manche Leute lassen sich leicht entmutigen, wenn die Lage schwierig wird. Sie glauben dann, alles gehe schief, und manche verlässt sogar der Lebensmut. Andere versuchen, vor einer unangenehmen oder leidvollen Situation einfach zu fliehen, noch andere ignorieren solche Gegebenheiten völlig oder schieben anderen die Schuld zu. Wer sich ständig mit anderen vergleicht, fühlt sich irgendwann minderwertig. Doch so kommt man nicht weiter. Man wird höchstens immer noch unglücklicher, bis man irgendwann womöglich die Hoffnung ganz aufgibt.

Doch eines ist klar: Pflaumen aus dem Gewächshaus sind sehr viel kälteempfindlicher als Freilandpflaumen, und ihre Blüten duften auch nicht. Freilandgemüse, das Wind und Wetter ausgesetzt war, schmeckt sehr viel feiner und intensiver als Gemüse, das zur falschen Zeit im Gewächshaus gezogen wurde.

Ähnliches kann man auch von Menschen sagen. Nicht glückliche Umstände machen uns seelisch reich und stark, sondern Scheitern, Unglück oder Krankheit. Wie wir dem Unglück begegnen, darauf kommt es an. Der Satz »Pflaumenblüten am Baum duften im Einklang mit dem Schnee« zeigt uns, wie man schwierigen Gegebenheiten am besten gegenübertritt.

Der Zen-Meister Hakuin (1686–1769) schrieb auf eines seiner Rollbilder: »Ein Willkommen dem großen Höllen-Bodhisattva.« Wirst du krank, dann nimm die Krankheit dankbar an. Trifft dich ein Unglück, dann lerne daraus.

Wie ein Ofen alles aufnehmen

Dōgen berichtet in seinem Buch *Tenzo Kyōkun* (Anweisungen für den Küchenmeister) von Buddhas Schüler Kaccāyana, der gesagt habe: »Der Mund des Mönchs ist eine Ofentür.« Zum ersten Mal hörte ich diesen Satz, als ich kurz nach meiner Ordination zur Nonne im Ausbildungskloster angekommen war, und zwar in einem *shōsan*-Vortrag nach der Morgen-Rezitation der Sutren. Damals war ich sechzehn Jahre alt. Als Sechzehnjährige verstand ich die Aussage so, dass Ordinierte alles essen sollten, was man ihnen vorsetzt, ob sie es jetzt mögen oder nicht. Ich bezog den Spruch ganz konkret aufs Essen und dann vergaß ich ihn für lange Zeit.

Vor Kurzem nun fiel er mir wieder ein, und ohne nachzudenken, sagte ich den Satz laut vor mich hin. »Der Mund des Mönchs« – das muss man sicher nicht wörtlich verstehen. Es können natürlich auch ganz andere »Münder« oder Eingänge gemeint sein, etwa der des eigenen Lebens, der von Himmel und Erde oder der des ganzen Universums. Tatsächlich tritt alles, was uns begegnet, in den »Mund« unseres eigenen Lebens ein, auch das, was wir fürchten, etwa der Tod unserer Lieben oder unser eigener Tod. Wie »verbrennt« man diese unerwünschten Dinge?

Ein Ofen nimmt alles auf; er hat keine Vorlieben oder Abneigungen. Er verbrennt wunderschönes Holz genauso wie Zweige voller Dornen und verwandelt sie in Hitze. Die Hitze gart Reis und Gemüse und erhitzt Badewasser. Genau genommen verdanken wir es den Öfen, dass wir essen und baden können.

Der Mund des Lebens nimmt auch alles Mögliche auf, Freude und Leid, Erfolge und Fehlschläge, Liebe und Hass. Verweigert der Ofen Materialien, weil sie ihm nicht passen, dann brennt er nicht gut – er raucht, das Feuer brennt nicht richtig und es entwickelt sich keine gute Hitze, so dass man nicht darauf kochen kann. Ein solcher Ofen taugt nichts, er macht nur Ärger.

Eine Weile dachte ich über diese Fragen nach, da stieß ich in einer Zeitung auf ein Gedicht von Eiichi Enomoto:

Alles nimmt er auf, der Papierkorb –
gebrauchtes Papier, verschriebene Entwürfe.
Alles schluckt er ohne Murren.

Ein Papierkorb nimmt nicht nur alles ohne Murren auf, er gibt es auch wieder her. Es wird wieder verwertet und neu bearbeitet und erhält so ein neues Leben. Ein Papierkorb ist eine Art »Mund« des Universums, von Himmel und Erde, gewissermaßen eine Variante des Ofens. Ohne Unterschied schluckt er Angenehmes und Unangenehmes, Positives und Negatives.

Nonnen und Mönche widmen sich dem Weg Buddhas und sie sind selber Buddhas Seele. Das Leben aller Wesen und die Erscheinungen dieser Welt, sie alle sind in Buddhas Hand, ob sie es jetzt wissen oder nicht. Wenn wir das erkannt haben, helfen uns Fehlschläge und Unglück dabei, innerlich zu wachsen und das Leben vollständig zu leben. Insofern habe ich diverse Umwege gemacht, aber jetzt verstehe ich sie neu, diese Aussage Dōgens: »Der Mund des Mönchs ist eine Ofentür.«

Heiteres Herz

Eines Tages erzählte mir der Präsident einer Firma: »Vor einiger Zeit machten uns Graffiti zu schaffen, die immer wieder in unseren Toiletten auftauchten. Wir konnten mahnen, drohen, neu streichen lassen, soviel wir wollten – immer wieder gab es neue. Aber eines Tages hing ein Zettel an der Wand, auf dem stand: »Bitte verschmutzt meinen guten Arbeitsplatz nicht mit euren Schmierereien«. Es war die etwas ungelenke Handschrift unserer alten Reinigungsfrau. Ich glaube, nicht nur mich hat diese Notiz angerührt. Von diesem Tag an jedenfalls tauchte kein einziges neues Schriftzeichen mehr an den Wänden auf. Weder meine Mahnungen und Drohungen noch die des geschäftsführenden Direktors hatten etwas ausrichten können – diese eine Notiz einer unsicheren Hand dagegen wirkte. Das beeindruckte uns alle sehr.«

»Mein guter Arbeitsplatz« ist eine hervorragende Wortwahl. Für gewöhnlich betrachtet man Toilettenputzen als eine minderwertige Tätigkeit, sogar wenn man selber diese Arbeit verrichtet. Doch diese Toilettenfrau bezeichnete Toilettenputzen erhobenen Hauptes als wichtige Arbeit an einem guten Platz. Ihre Notiz zeigte uns, dass sie ihre eigene Arbeit mit Stolz, Freude und Begeisterung betrachtete. Das hatte offenbar alle betroffen gemacht, einschließlich derer, die trotz vieler Mahnungen immer wieder die Wände beschmiert hatten.

Jede Arbeit ist gut. Es gibt kein objektives Merkmal der Arbeit selbst, das ihren Wert begründen könnte. Wie wertvoll sie ist, hat nur damit zu tun, wie die arbeitende Person selbst sie bewertet. Man sollte die eigene Tätigkeit betrachten wie diese alte Dame das Toilettenputzen, nämlich in Heiterkeit. Unser Beruf hat nur dann Sinn und bringt gute Ergebnisse, wenn wir die Tätigkeit auf diese Weise einordnen. Diese Dame hatte, was Dōgen in den *Anweisungen für den Küchenmeister* ein »heiteres Herz« nennt.

Fürsorgliches Herz

Im Zuge meiner Dankesübungen meinen Lehrerinnen gegenüber hatte ich einmal für die Dauer eines Sesshin die Küche übernommen. In einem Sesshin widmen sich die Teilnehmenden mehrere Tage lang ausschließlich der Zazen-Übung. Jeden Tag stand ich von früh bis spät in der Küche. Einmal kamen zwei Essschalen aus der Zen-Halle zurück, die nicht ganz leer gegessen waren. Das machte mich stutzig, weil es ganz wesentlich zur Übung gehört, keine Lebensmittel zu vergeuden. Ich prüfte nach und fand in beiden Schalen eine tote Fliege im Gemüserest. Ich konnte mir lebhaft vorstellen, wie es die beiden Übenden beim Anblick der Fliegen im Essen gegraust und wie es ihnen den Appetit verschlagen hatte. Ich konnte auch gut nachfühlen, wie schwer ihnen die Entscheidung gefallen war, ob sie jetzt weiteressen sollten oder nicht. Dōgen Zenji schrieb im *Tenzo Kyōkun:* »Zuallererst müsst ihr prüfen, ob sich im Reis noch Käfer, Fliegen, Wildsamen, Spelzen oder Steinchen befinden. Wenn ihr etwas davon findet, nehmt es sorgfältig heraus.« Ich war zwar überzeugt, das Gemüse gründlich gewaschen zu haben, aber diese beiden Tierchen waren meiner Aufmerksamkeit eben doch entgangen.

Zum Abschluss des Sesshin hielt ich einen Vortrag. Ich entschuldigte mich wegen meiner Unachtsamkeit und erzählte dazu noch eine Geschichte: Ich war noch ein Kind. Da quartierte sich in unserem Kloster ein Mann ein, der herumreiste und die Leute darin unterwies, wie man Seidenraupen züchtet. Er erzählte mir von einem Missverständnis, das er als junger Landwirtschaftslehrer in der Präfektur Aichi erlebt hatte. In dieser Gegend Japans ist die Teezeremonie so verbreitet, dass die Leute dort zu allen möglichen Gelegenheiten geschlagenen grünen Tee anbieten, so ähnlich wie man es überall sonst in Japan mit normalem grünem Tee macht.

Es war ein heißer Tag im Hochsommer und dieser Lehrer hatte großen Durst. Er ging deshalb in einen Bauernhof und fragte, ob er eine Tasse Tee haben könnte. – Nun gibt es in der Präfektur Aichi in jedem gewöhnlichen Bauernhaus einen Raum für die Teezeremonie. Und tatsächlich war der alte Bauer dort ausgebildeter Tee-Meister. Er hatte nicht verstanden, dass der Lehrer nur einen Schluck ganz gewöhnlichen Tee wollte. Deshalb bat er ihn, einen Augenblick zu warten, ging nach drinnen, zog sich um und richtete den Tee-Raum her. Der Lehrer seinerseits hatte keine Ahnung von der Teezeremonie und wurde ganz ratlos. Kurzerhand trank er die Schale Tee, die ihm der alte Mann so sorgfältig zubereitet hatte, einfach aus und ging dann fast Hals über Kopf davon.

Und jetzt kommt das Wichtige: Später sprach der alte Bauer und Teemeister natürlich mit den Nachbarn darüber, aber auf seine Weise. Er erzählte die Geschichte so: »Dieser Lehrer ist ein absolut perfekter Tee-Meister. Also wollte ich nicht unhöflich sein und bediente ihn lieber gar nicht als unvollkommen.«

Die meisten Leute hätten wahrscheinlich überall herumerzählt, der Lehrer habe keine Ahnung von der Teezeremonie. Aber der alte Herr spürte genau, dass er selber den Lehrer falsch verstanden hatte. Deshalb hatte er ein schlechtes Gewissen, dass er ihn in diese peinliche Lage gebracht hatte. Er wollte dem Lehrer in Zukunft solche Erfahrungen ersparen, erfand deshalb die Geschichte und brachte sie unter die Leute. So handelt ein wahrer Übender des Tee-Weges.

Der Tee-Meister Sen no Rikyu, der im sechzehnten Jahrhundert lebte, lehrte: »Sei Gastgeber, wenn jemand ein Herz hat wie ein Gast ... Sei Gast, wenn jemand ein Herz hat wie ein Gastgeber ... Auf diese Weise wird es zum Fehler des Gastgebers, wenn der Gast einen Fehler macht, und wenn der Gastgeber unachtsam ist, wird der Gast unachtsam.« Natürlich hat die Köchin eindeutig unzureichend gearbeitet, wenn Käfer oder kleine Fliegen im Essen liegen. Andererseits verfügt der Gast über zu wenig Taktgefühl, wenn er nur deshalb nicht alles aufisst.

Es fällt uns nicht so leicht, uns in eine andere Person hineinzuversetzen. Wenn wir glauben, Leuten unser Mitgefühl zeigen zu müssen, weil sie krank sind oder es bei ihnen gebrannt hat, dann ist es richtig, sie zu besuchen. Die Frage ist nur: Gehen wir aus Zuneigung hin? Oder besuchen wir sie, weil wir es als Pflicht und Schuldigkeit empfinden und wir nicht als desinteressiert oder kalt dastehen wollen? Im zweiten Fall ist unser Besuch mehr als unehrlich – die Besuchten werden sich langweilen.

Vor einigen Jahren musste ich ins Krankenhaus. Ich hatte geahnt, dass Besuche sehr anstrengend sein würden, und deshalb hatte ich fast niemand davon erzählt. Es sprach sich trotzdem herum, dass ich im Krankenhaus lag, und so kamen Leute zu Besuch. Ich war ziemlich dankbar, dass die Leute in der Augusthitze überhaupt kamen, aber gleichzeitig war ich nach jedem Besuch wirklich ziemlich erschöpft.

Nur eine Besucherin war völlig anders. Sie war Hausfrau und erschien mit einer Schürze. Sie sagte: »Äbtissin, soll ich Ihnen lieber die Wäsche waschen oder ein wenig den Rücken massieren?«

Im *Tenzo Kyōkun* sagt Dōgen, dass man mit allem achtsam umgehen soll, auch mit den Dingen: »Chan-Meister Renyong vom Baoming sagte: ›Hüte den Besitz und alle Gegenstände der Gemeinschaft wie deinen Augapfel.‹« Und es gibt das alte Sprichwort: »Betrachte den Kochtopf als dein Haupt; betrachte das Wasser als dein Blut.« Betrachte das Wasser, den Reis und alles andere als deine Kinder, und behandle sie genauso, wie liebevolle und sorgsame Eltern ihre Kinder. Diese Haltung nannte Dōgen »fürsorgliches Herz« [genauer: die Einstellung der Älteren, die Jüngere nach allen Kräften fördern].

Großes Herz

Der Ausdruck *kanshiketsu* bezeichnet wörtlich einen Stab, mit dem man sich auf der Toilette vom Kot säubert. Einmal fragte in China ein Mönch den Meister Yun-men (gest. 949): »Was ist Buddha?« und erhielt zur Antwort: »Ein vertrockneter *kanshiketsu*.« [*Mumonkan,* Beispiel 21]

Sind Abt, Äbtissin oder andere Lehrende eine Woche lang abwesend, dann fällt das den Novizen im Kloster nicht weiter auf. Fehlt dagegen Toilettenpapier, dann bemerken sie das sehr schnell. In alten Zeiten benutzte man kein Toilettenpapier, sondern diese *kanshiketsu;* die konnte man immer wieder reinigen und wiederverwenden. Kotstäbe nehmen unsere Exkremente auf, sie reinigen uns und werden dabei selber schmutzig. Wenn Kotstäbe und Toilettenpapier keine Buddhas sind, was dann? Wenn ich darüber nachdenke, überlege ich gleichzeitig, wie es wäre, wenn ich Kotstab sein oder sonst einer schmutzigen Arbeit nachgehen müsste. Würde ich das mit der gleichen Einstellung anpacken wie meine Verpflichtungen als Äbtissin? Würde ich es wirklich freudig als ehrenvolle Aufgabe betrachten? Wahrscheinlich würde ich darüber jammern, die Nachteile im Vergleich zu anderen Arbeiten herausstellen, mich minderwertig und in der Folge äußerst unwohl fühlen.

Zen-Meister Kōshō Uchiyama sagte: »Veilchen sind Veilchen. Rosen sind Rosen. Knospen treiben, blühen, welken. Alt werden, krank werden – all das sind nur verschiedene Stadien des Lebens. Jedes Stadium kann schön sein. Ehren wir jeden einzelnen dieser Augenblicke der Ewigkeit!« In der normalen Welt gibt es zahllose

Rollen und Ränge. In der Welt der Wahrheit jedoch, in der Welt des Buddha, hat alles seinen Sinn. Alles ist gleich wichtig, gleich unersetzbar und gleich wertvoll. Nichts ist überflüssig. Wir kämen ohne Toilettenpapier gar nicht durch den Tag. Das Leben wäre schwierig, wenn nicht ab und zu die Müllabfuhr käme. Es ist die höchste Form der Buddhaschaft, wenn man mit Ausscheidungen beschmiert ist oder allgemein schmutzig wird, weil eine bestimmte Aufgabe das verlangt. In der Theorie können wir das leicht verstehen, wenn wir uns aber wirklich die Hände schmutzig machen sollen, kann es passieren, dass wir trotzdem darüber jammern.

Der buddhistische Meister Yoshio Toi sprach häufig über das Thema »Sich hinabbeugen zu den Füßen der Menschen«. Bei einer Konferenz hielt Toi einen Vortrag und danach sprach ihn ein anderer Lehrer an. Er beugte sich zu Tois Füßen, massierte sie und sagte dann: »Herr Toi, beugen Sie sich bitte zu den Füßen Ihrer Frau, wenn Sie nach Hause kommen, und massieren Sie sie genauso.«

Das tat Yoshio Toi. Später erzählte er, wie er das erlebt hatte: »Meine Frau und ich, wir waren schon mehr zwanzig Jahre verheiratet. Doch bei dieser Gelegenheit betrachtete ich tatsächlich das allererste Mal die Füße meiner Frau genau. Ich war erschüttert, wie rau und verbildet sie waren. Da fiel es mir wie Schuppen von den Augen. Meine Frau stammte aus einem Tempel in der Stadt. Sie war als junge Braut in meinen Tempel gekommen, und damals waren ihre Füße mit Sicherheit viel schöner gewesen. Bei uns aber musste sie immer auf den Feldern arbeiten, sich um die Tempelgebäude kümmern und alles Mögliche erledigen. Auf ihren Schultern lag all die schwere körperliche Arbeit in unserem armen Tempel oben in den Bergen, sie trug schwere Lasten auf dem Rücken und bestellte Felder und Gärten. Immer war sie zwischen Felsen und Baumwurzeln auf Bergpfaden gegangen und das hatte ihre Füße sehr strapaziert. Ich verbeugte mich vor ihnen und massierte sie mit tiefem Ernst.«

Haben wir jemals unsere eigenen Füße untersucht, sie in irgendeiner Weise wertgeschätzt oder uns vor ihnen verneigt, vor unseren Füßen, die den Körper immer aufrecht halten und die Hauptarbeit beim Gehen erledigen? Und selbst wenn: Würden wir wirklich ihren eigenen Wert entdecken, ohne sie gleich mit anderen Körperteilen zu vergleichen? Welchen Wert würden wir einer Arbeit beimessen, bei der wir etwas tun müssten, was der Funktion unserer Füße entspricht? Sie tragen den ganzen Körper. Wenn sie nicht Buddha sind, was dann? Aber selbst wenn wir das erkennen, haben wir immer noch wenig Ahnung. Denn wer sich aus ganzem Herzen seiner eigenen Arbeit widmet, stellt solche Überlegungen gar nicht erst an.

Dōgen Zenji schreibt in den *Anweisungen für den Küchenmeister:* »Wenn du eine Suppe aus einfachem Grünzeug zubereitest, das du eigentlich nicht magst, dann lasse dich von diesem Gefühl nicht leiten. Schätze diese Zutaten nicht gering. Und wenn du umgekehrt besondere Zutaten zur Verfügung hast, aus denen du ein hervorragendes Essen zubereiten kannst, dann sei nicht aufgeregt vor Freude, sondern bleibe ruhig.« Damit meint Dōgen, dass es keinen Sinn hat, sich nur anstrengen zu wollen, wenn man ein besonderes Mahl kochen darf, und nicht, wenn es nur eine einfache Gemüsesuppe wird. Es hat auch keinen Sinn, die Dinge danach einzuschätzen, welche Gegenstände und Menschen damit zu tun haben.

Im letzten Teil des Textes spricht Dōgen über drei Formen des Herzgeistes. Die ersten beiden, das heitere und das fürsorgliche Herz, finden sich in den beiden vorausgehenden Kapiteln. Die dritte Form ist das große Herz. Darüber schreibt Dōgen: »Das große Herz ist wie ein Berg – unverrückbar und unparteiisch. Es ist wie das Meer – nachsichtig und nach allen Seiten offen. Das große Herz hat kein Vorurteil und ergreift nicht Partei.« Freudig und mit achtsamer Hingabe alles tun, was Buddhas Praxis ist, und dabei weder Vorlieben noch Abneigungen hegen, egal ob man Kotstäbe reinigt,

Äbtissinnen-Pflichten nachgeht, eine einfache Gemüsesuppe kocht oder ein Festmahl zubereitet: Das ist es, was »großes Herz« heißt.

Jedes Ding an seinen Platz

Es gibt auch aus unserer Zeit eine Geschichte über Kotstäbe. Vor einigen Jahren – ich war gerade von einer Pilgerreise zu den heiligen buddhistischen Stätten in Indien zurückgekommen – sprach ich mit einem Arzt darüber, wie sehr es mich gestört hatte, dass es dort kaum Toiletten gab. Da erzählte dieser Arzt von seinen eigenen Erfahrungen mit diesem Thema aus seiner Zeit in Birma und Thailand, wo er im Zweiten Weltkrieg eingesetzt gewesen war.

»In Birma und Thailand hatten damals nur die Familien der Oberschicht überhaupt Toiletten. Das einfache Volk erleichterte sich irgendwo im Freien. Nun begegnet man dort buddhistischen Mönchen mit ausgesuchter Hochachtung, und auch Ärzte gelten als hochrangig. Deshalb ließ man Mönche und Ärzte die Toiletten benutzen. Als ich das erste Mal eine betrat, sah ich dort in der Ecke eine Art größere Dose, in der glatte, flache, schwarze Stäbchen steckten. In der anderen Ecke waren noch mehr Stäbchen, an denen allerdings irgendetwas Trockenes klebte. Zuerst konnte ich nicht herausbringen, was das sein sollte, aber schließlich kam ich drauf, dass es sich um einen Ersatz für Toilettenpapier handelte. Diese ›Stäbchen‹ wurden später gereinigt und wiederverwendet. Aber japanische Soldaten verwechselten sie mit echten Essstäbchen. Damals waren Essstäbchen in diesen Ländern nicht so leicht aufzutreiben, deshalb freuten sich die Soldaten über ihren Fund und nahmen sie mit.«

Ich musste richtig lachen und stellte dabei fest, dass die alte Geschichte mit den Kotstäben bis heute ihren Sinn hat. Trotzdem kann es Probleme bereiten, wenn man Kotstäbe mit Essstäbchen verwechselt, egal, wie wertvoll oder unverzichtbar sie auf der Toilette sein mögen. Die Alten lehren uns das mit den schönen Worten: »Der Frühling ist überall. Es ist nicht dort mehr Frühling, wo mehr Blüten sind. Was die Blütenzweige betrifft, so sind sie von Natur aus lang oder kurz.«

Der Frühling kommt zu allen, ohne Ansehen der Person. Er kommt nicht schneller zu Personen, die ihn herbeiwünschen, und auch nicht langsamer zu solchen, die gerne noch etwas warten würden. Der Frühling kommt für alle und auf die gleiche Weise. Im Sonnenschein sind Veilchen Veilchen, und Kirschblüten sind Kirschblüten. Einige Blütenzweige sind kurz, andere lang. Jeder Zweig treibt seine eigenen Blüten.

Im *Tenzo Kyōkun* sagt Dōgen: »Stelle die Dinge nach oben, die von Natur aus nach oben streben. Stelle nach unten, was tiefer unten mehr Stabilität findet. Alles, was von Natur aus oben ist, gewöhnt sich weiter oben auch am besten ein, während alles, was natürlicherweise eher tiefer ist, weiter unten auch am besten aufgehoben ist.« So werden auch hölzerne Reisbottiche und Reiskellen dort aufbewahrt, wo sie hingehören. Behandle kein Ding grob. Das bedeutet: Geh nicht nur mit teuren Sachen sorgfältig um, sondern behandle auch die billigen nicht achtlos. Die Lehren sagen, dass alle Dinge in Himmel und Erde sorgsam an ihren Platz gebracht werden müssen, ein jedes an seinen eigenen, und das in aller Ernsthaftigkeit.

Nichts für belanglos halten

Der Taxifahrer brummte vor sich hin: »Es ist ein Jammer! Diese Arbeit hat keinen Sinn und keinen Wert. Trotzdem werde ich mein Leben lang nichts anderes tun können.«

Meine Antwort kam völlig spontan: »Was heißt hier Jammer? Sie bringen andere Leute dorthin, wo sie hinmüssen, und sind ihnen dadurch Arme und Beine. Ohne Leute wie Sie kämen Leute wie ich im Leben nicht zurecht. Ein erfahrener Taxifahrer fährt immer so schnell, wie es nur irgend zu vertreten ist, um mich rechtzeitig ans Ziel zu bringen. Ich für mein Teil bin ständig unterwegs, aber ich habe nie einen Regenschirm dabei, das ist mir zu umständlich. Der Taxifahrer behütet mich auf angenehme Weise vor dem Regen und bringt mich genau dorthin, wo ich hin möchte. Außerdem hilft er mir beim Tragen, und ich habe immer viel Handgepäck dabei, auch wenn ich nur sehr kurz unterwegs bin. Und während ich über keinen Orientierungssinn verfüge, finden Taxifahrer sicher den Weg durch alle Gassen, und wenn es sein muss, fragen sie eben. Sie liefern all diejenigen sicher zu Hause ab, die den letzten Zug verpasst haben, vielleicht weil eine Besprechung verschoben wurde oder sie zu viel getrunken haben. Wenn jemand unvorhergesehen ins Krankenhaus muss, kann der Taxifahrer Leben retten. Zur Urlaubszeit oder mitten in der Nacht kann dich oft niemand dorthin bringen, wo du gerade hinmusst, nur auf das Taxi ist Verlass. Hand aufs Herz, genaugenommen ist die Arbeit, die Sie tun, doch sehr gut.«

Wir hatten mein Fahrtziel noch längst nicht erreicht, und deshalb machte ich gleich weiter: »Ich bin wirklich tief überzeugt, dass es nichts Wertloses unter der Sonne gibt, aber auch gar nichts. Vor Kurzem hielt ich einen Vortrag in einer Fabrik, in der Uhren und Rechenmaschinen hergestellt werden. Nach dem Vortrag durfte ich die Fabrik besichtigen, der Präsident führte mich persönlich herum. Diese Fabrik beeindruckte mich tief. Ich sah, dass hier am Fließband Bauteile zusammengesetzt wurden, die man ohne Mikroskop gar nicht sehen könnte. Die Arbeiter bearbeiten diese winzigen Teile mit einer Nadelspitze, und wenn sich eines davon auch nur um den Bruchteil eines Millimeters nach links oder rechts verschiebt, gerät die Uhr aus dem Takt oder die Rechenmaschine hört auf zu rechnen. Dabei wurde mir ganz greifbar bewusst, wie unerlässlich jedes Teilchen dafür ist, damit das Ganze funktioniert.«

Ich spann den Gedanken weiter: »Auch ein Haushalt funktioniert eigentlich nach dem Prinzip dieser Uhren. Und wenn man weiterdenkt, gilt das auch für ganze Gesellschaften oder Länder. Und führt man den Gedanken noch weiter, ist es bei Himmel und Erde und dem ganzen Universum auch nicht anders. Die meisten Leute denken in Begriffen wie Hochwertig oder Minderwertig, Wertvoll oder Wertlos, wenn sie Dinge beurteilen. Doch aus der Perspektive der Wirklichkeit ist nichts hochwertig noch minderwertig, wertvoll oder wertlos. Wo immer wir anfangen – alles greift an allen Stellen haargenau ineinander, die ganze Familie, die gesamte Gesellschaft und das ganze Universum. Wenn wir erst einmal aufwachen und erkennen, wie sich die beiden Ansichten unterscheiden, ändert sich unser Denken dramatisch. Ansicht eins behauptet, dass wir unsere eigene Arbeit vernachlässigen können und dass sie sowieso nur mechanisch ist. Ansicht zwei besagt das Gegenteil: unser gesamtes Handeln trägt Himmel und Erde, und zwar in Vergangenheit, Gegenwart und Zukunft.

Die Legende erzählt, Shakyamuni Buddha habe bei seiner Geburt mit einer Hand nach oben und mit der anderen nach unten gezeigt. Vielleicht wissen Sie auch, dass er dabei sagte: ›Ich allein bin geehrt in Himmel und Erde.‹ Damit wollte er nicht sagen, er sei besonders wertvoll. Er wollte sagen, dass jedes fühlende Wesen wertvoll ist. Jede Person, jede Tätigkeit, jede Blume, jeder Vogel, alles Leben ist ein großes Geschenk von Himmel und Erde, ob sie das jetzt wissen oder nicht.«

Wenn ich es genau nehme, war es wohl etwas anmaßend von mir, dem Taxifahrer so lange solche Sachen zu erzählen, aber er hörte mir aufmerksam zu. Und ich freute mich, als er sagte: »Es stimmt mich zuversichtlich, was Sie gesagt haben. Ich werde mein Bestes versuchen. «

Der Chan-Meister Xuedou Zhongxian (980–1052) sagte:

Eins, sieben, drei, fünf –
die Wahrheit, die du suchst, ist nicht zu greifen.
In tiefer Nacht leuchtet der Mond hell übers Meer,

in jeder Welle blinkt der Drachenschatz.
Du suchst den Mond?
Hier ist er! In dieser Welle und in jener.

»Eins, sieben, drei, fünf« soll andeuten, dass man im Leben nichts vorhersagen kann. Es kann immer alles Mögliche passieren. Wenn wir suchen, wo sich die Wahrheit versteckt, oder wo es sinnvolle Arbeit gibt, dann suchen wir außerhalb von uns selbst. Doch genau wie der Mond auf jedem einzelnen Wellenkamm glitzert, hat jede Sache und jede Person ihren eigenen Glanz und ihre eigene Bedeutung. Kein einziges Ding ist belanglos. Genau das lehrt Dōgen Zenji im *Tenzo Kyōkun,* im *Fushuku Hampo* (Das Betragen der Zen-Mönche beim Essen) und vor allem in den *Shōbōgenzō*-Kapiteln »Das Gesicht waschen« und »Regeln für die Toilette«.

Die vier Jahreszeiten gemeinsam sehen

Es war im Sommer, in der Präfektur Nagano in den Japanischen Alpen. Zwanzig ehemalige Teezeremonie-Schülerinnen aus meiner Tokioter Zeit hatten sich mit mir in einem kleinen Tempel getroffen. Wir hatten nichts dabei außer den wichtigsten Utensilien für die Teezeremonie. So stiegen wir zur Hochebene hinauf, wo der Fluss Azusa entspringt, und bereiteten den Tee unter freiem Himmel. Danach wollten wir noch schnell zum Myojin-See weitergehen.

Es war ein schöner Tag im Gebirge. Wir gingen schnell, aber nicht so schnell, dass wir ins Schwitzen gekommen wären. Wir genossen das lebendige Grün, dieses Grün, das keine Luftverschmutzung kennt. Der Wind trug uns den Gesang aller möglichen Vögel zu. Hinter den Lärchen und Birken konnten wir den Fluss sehen. Die Sommersonne tanzte auf dem sich kräuselnden Wasser, Kieselsteine glänzten im Flussbett und Wasserpflanzen bewegten sich mit dem Wasser. Alles schien zum Greifen nahe. Auf den Steinen im

Fluss wuchsen Moos und Blumen, dort, wo das hoch aufspritzende Wasser die Steine ständig feucht hielt. Der Augusthimmel war klar, so weit das Auge reichte. Weiße Wolken zogen vorüber und legten eine Art durchsichtigen, sanften Schleier über die schroffen Felsen des Berges Hodaka.

Ich vergaß den Myojin-See und genoss jeden Schritt, die Gebirgskulisse, die Bergwiese, die Schmetterlinge und Libellen. Plötzlich unterbrach jemand aus der Gruppe meine Fantasien: »Sind wir immer noch nicht am See? Es ist noch weit, oder? Allmählich werde ich müde.« Und immer, wenn jemand den Berg herunterkam, fragte sie: »Wie weit ist es noch?«

Da fiel mir Hermann Hesses Gedicht »Reisekunst« ein:

Wandern ohne Ziel ist Jugendlust,
Mit der Jugend ist sie mir erblichen;
Seither bin ich nur vom Ort gewichen,
War ein Ziel und Wille mir bewusst.

Doch dem Blick, der nur das Ziel erfliegt,
Bleibt des Wanderns Süße ungenossen,
Wald und Strom und aller Glanz verschlossen,
Der an allen Wegen wartend liegt.

Weiter muss ich nun das Wandern lernen,
Dass des Augenblicks unschuldger Schein
Nicht erblasse vor ersehnten Sternen.

Das ist Reisekunst: im Weltenreihn
Mitzufliehn und nach geliebten Fernen
Auch im Rasten unterwegs zu sein.

Was ist das Geheimnis der Reisekunst? Dass wir alles genießen können, was uns auf dem Weg begegnet. Willst du nur möglichst schnell das Ziel erreichen, dann kannst du »Wald und Strom« nicht wahrnehmen, und auch nicht das flüchtige, makellose Funkeln der »ersehnten Sterne«.

Hesses Gedicht zog mich erneut in seinen Bann und ich fand Parallelen zum Leben an sich. Wer jeden Schritt auf dem Weg genießt, macht den Weg zum Ziel. Wir hätten den Myojin-See nur als eine Art Orientierungspunkt betrachten sollen, der uns eine Richtung im größeren Maßstab gibt. Unser wirkliches Ziel lag vor unseren Füßen. Im Leben wissen wir nie, was als Nächstes geschieht. Letztes Jahr zum Beispiel gerieten einige Gymnasiasten aus dieser Gegend genau auf diesem Berg in ein Unwetter und dann in Bergnot. Manchmal wird auch jemand beim Bergsteigen plötzlich krank und kann nicht mehr weiter. Stell dir vor, du möchtest ein Ziel erreichen wie den Myojin-See, strengst dich unglaublich dafür an und dann schaffst es doch nicht: Heißt das, dass die ganze Anstrengung umsonst war? Nein. Gibt es eine Unterbrechung, die uns zum Stehenbleiben zwingt, dann können wir das nur akzeptieren und als Teil des Weges betrachten, wenn wir jeden einzelnen Schritt auf dem Weg als einmalig schätzen.

Was bedeutet das: Jeden Schritt auf dem Lebensweg genießen? Es gibt Zeiten, in denen uns etwas misslingt, in das wir viel Mühe investiert haben, Zeiten, in denen wir falsch verstanden werden oder uns von Feinden umringt fühlen. Dann wieder kommen euphorische Zeiten, in denen wir uns fühlen, als könnten wir auf dem Regenbogen ins Paradies reiten. Und schließlich gibt es Zeiten, wo wir uns vor dem Abgrund sehen, wenn jemand stirbt, der eigene Mann, die eigene Frau, ein Kind. Manchmal zieht uns etwas den Boden unter den Füßen weg, wenn wir zum Beispiel schwer erkranken oder nichts mehr zu essen haben. Am interessantesten ist das Reisen, wenn sich die Umgebung ständig ändert. Genauso ist es auf der Reise, die »Leben« heißt. Es ist wichtig, dass wir uns nicht von Glück oder Pech abhängig machen. Lernen wir lieber, genau hinzuschauen und die Umgebung bei jedem Schritt neu zu genießen.

Dōgen Zenji sagt im *Tenzo Kyōkun:* »Das große Herz ist wie ein Berg – unverrückbar und unparteiisch. Es ist wie das Meer – nachsichtig und nach allen Seiten hin offen. Das große Herz hat kein Vorurteil und ergreift nicht Partei. Trägst du etwas, was nur wenige Gramm wiegt, dann betrachte es nicht als leicht. Trägst du eine Zentnerlast, dann betrachte sie nicht als schwer. Tanze nicht vor Glück, wenn der Frühling singt, und versinke nicht in Schwermut, wenn der Herbst die Blätter färbt. Betrachte den Wechsel der Jahreszeiten als eine Einheit – und Leicht und Schwer als relativ.«

Frühlingsklänge symbolisieren Glück, Herbstfarben Unglück. Ereilt uns ein Unglück, sind wir oft verstört und versuchen zu fliehen. Wir können uns für nichts mehr begeistern und werden mutlos. Doch auch Glück und gute Umstände können gefährlich werden, wenn sie dazu führen, dass wir uns für gut halten. Wir sollten alles betrachten wie den Wechsel der Jahreszeiten, nämlich als eine Einheit. Heißen wir also Gut und Böse als zwei Seiten derselben Sache willkommen und lassen uns weder vom einen noch vom andern aus der Bahn werfen. Die Natur macht einfach weiter, wie das richtige Leben auch, völlig unbeeindruckt davon, was die Menschen so denken und worüber sie sich Sorgen machen.

Sobald wir unsere Brille ablegen, mit der wir nur uns sehen, und uns mit Haut und Haar gelassen in die Obhut der Natur begeben, können wir ganz einfach alles spüren: die Pflaumenblüte, die duftet und den frostigen Winden trotzt, die Frühlingsknospe, in der das Leben pochend neu erwacht, oder Pflanzen und Bäume, wie sie ein Sommergewitter begrüßen und feiern.

DRITTES BUCH

MUTTERLIEBE UND BUDDHA-LIEBE

Lächeln ist ein Geschenk

Wenn du dabei bist,
wird einem warm ums Herz.
Wenn du dabei bist,
fühlen sich alle wohl.
So möchte ich auch werden.

Dieses Gedicht hat Mitsuo Aida (1924–1991) geschrieben. Es ist mein Lieblingsgedicht, und es bedeutet: Wenn wir mit anderen zusammen sind, sollten wir für eine Atmosphäre sorgen, in der sich alle wohlfühlen. Dafür brauchen wir nichts Besonderes zu sagen haben und auch nichts Besonderes tun, es geht nur darum, wie wir sind. Mich selbst macht es wirklich glücklich, wenn ich jemandem begegne, der oder die sich so verhält. Dann beobachte ich sie mit Hochachtung und wünsche mir, das auch einmal so zu können. Auf der anderen Seite gibt es Leute, bei denen alle Anwesenden zu frieren beginnen, wenn sie dazukommen. Erlebe ich so jemanden, dann fühle ich mich mit meinen schlechten Seiten konfrontiert. Das macht mich traurig und ich überlege, wann womöglich ich dazu beitrage, dass sich andere nicht wohlfühlen oder schlecht gelaunt sind.

Eine Geschichte dazu hat mir der japanische Essayist Toru Matsui vor vielen, vielen Jahren erzählt. Sie handelt von Reiko Kitahara, einer jungen Christin, deren Vater Professor war.

Das Ganze spielte sich am Rand des Geschäftszentrums von Tokio ab, einer Gegend, die damals noch von den Bomben des Zweiten Weltkriegs in Schutt und Asche lag. Dort war ein Slum von Lumpensammlern entstanden, mit dem inoffiziellen Namen »Ameisenstadt«. Da zog Reiko hin. Die dortigen Kinder konnten keine Schule besuchen, weil sie zu arm waren; Reiko sammelte sie ein und gab ihnen Unterricht. Sie kümmerte sich auch um die Kranken und die einsamen Alten, und oft schlief sie selber viel zu wenig. Jeden Morgen machten sich einige Hundert Lumpensammler an die Arbeit und zogen dabei ihre holpernden Leiterwagen hinter sich her. Reiko verabschiedete sich immer mit einem strahlenden Lächeln von ihnen mit den Worten: »Habt alle einen schönen Tag.« Jeden Abend kamen sie zurück und auch wenn es sehr spät war, begrüßte Reiko sie mit einem Lächeln. Dazu sagte sie: »Ihr seid sicher müde, ruht euch aus.« Wenn diese ungehobelten Typen, die es im Nachkriegswirrwarr in die Ameisenstadt verschlagen hatte, Reikos freundliches, unschuldiges Lächeln sahen, vergaßen sie vollständig, wie erschöpft sie waren. So kam es, dass sie Reiko zur »Heiligen Maria der Ameisenstadt« ernannten.

Irgendwann wurde sie krank, und es war Tuberkulose. Die Leute bedrängten sie, doch zu ihren Eltern zu ziehen, um dort gesund zu werden. Doch sie sagte: »Ich will hier sterben.« So lag sie in ihrer heruntergekommenen Hütte, wo der Wind durch die Ritzen pfiff, auf einer verlotterten Futon-Matratze in der Ecke, nahm keine Medizin ein und keine besondere Nahrung zu sich. Als sie schließlich diese Welt verließ, war sie noch keine dreißig Jahre alt. Nach ihrem Tod fand man unter ihrem Kissen das kleine Notizbuch, das sie gelegentlich hervorgezogen hatte, als sie krank war. Matsui vermutete, es könnte etwas Wichtiges darin stehen. Er öffnete es und fand einen einzigen Satz: »Vergisst du womöglich gerade das Lächeln?«

Allem Anschein nach verlor sie ihr Lächeln nicht einmal während ihrer Fieberschübe. Und trotzdem war sie letztlich keine Heilige, sondern ein ganz normales Menschenkind. Mehr als einmal muss ihr das Weinen näher gewesen sein als das Lachen, weil sie wehmütig wurde oder einfach, weil sie so krank war. Genau dann scheint sie das Notizbuch hervorgezogen und sich selber diese Frage gestellt zu haben. Da endete der Professor, und seine Augen waren voller Tränen.

Immer lächeln ist nur scheinbar nichts Besonderes, in Wirklichkeit ist es ziemlich schwierig. Alle können lächeln, wenn sie in der Stimmung dazu sind. Aber allezeit lächeln – auch dann, wenn es einmal nicht passt – ist alles andere als einfach. Genau genommen können nur wenige Menschen sich selbst wahrnehmen, wie sie wirklich sind. Doch wenn wir in den Spiegel schauen, sehen wir das Gesicht, das alle anderen sehen. Wer gereizt oder wütend schaut, verbreitet automatisch schlechte Stimmung; doch aushalten müssen das alle anderen. Viele vertreten die Meinung, wenn man schlecht gelaunt wäre, sei man eben schlecht gelaunt, daran könne man nichts ändern. Tatsächlich behelligt man damit alle anderen und zieht sie dadurch in die schlechte Stimmung hinein. Das ist ziemlich unfreundlich. Wenn wir darauf achten, freundlich zu schauen, nimmt das Unerfreuliche auf der Welt wenigstens nicht zu. Auf diese Weise übernehmen wir Verantwortung für uns und kümmern uns ordentlich um uns selbst.

Shakyamuni Buddha wünschte, dass sich alle Menschen so verhalten wie eine Mutter, die lächelt, in jeder Situation alle annimmt wie ihr eigenes Kind und ihnen mit offenen Armen und strahlendem Gesicht begegnet. Deshalb bezeichnete er das Lächeln als eines der »Sieben Geschenke, die kein Geld kosten«.

Das Leben genau betrachten

Der Haiku-Dichter Kobayashi Issa (1763–1827) lebte in Shinshu in der Präfektur Nagano. Seine geliebte Frau verstarb jung und hinterließ ein kleines Kind. Am ersten Bon-Fest nach dem Tod seiner Frau betrachtete Issa weinend das Kind und schrieb dann das folgende Gedicht [Bon ist das japanische Totengedenkfest im August]:

Mama kommt,
brabbelt das Kleine
und klatscht in die Händchen.

Kurz darauf folgte das Kind seiner Mutter in den Tod. Da schrieb Issa ein weiteres Gedicht:

Ach, ihr roten Nelken
überall ist Jizo Bosatsu
hinten ist er und vorne auch.

Jizo ist der Bodhisattva der Kinder, er hilft verstorbenen Kindern und errettet die Wesen aus den verschiedenen Höllen. Issa bat Jizo, auch seinem verstorbenen Kind beizustehen.

Der Begriff *bon* leitet sich von dem Sanskrit-Wort *ullambana* her [das bedeutet „Aufhängen"]. In China wird Ullambana als eine Art Volksfest gefeiert, es ist eine Erinnerung an Mahāmaudgalyāyana. Mahāmaudgalyāyana war ein vertrauter Schüler des Buddha und bekannt für seine übernatürlichen Fähigkeiten. Nach dem Tod seiner Mutter hatte er eine Vision: Er sah, wie sie im Reich der Hungrigen Geister – das ist eine der buddhistischen Höllen – an den Füßen aufgehängt war. Da fragte er den Buddha, ob er sie erlösen könne. Der sagte ihm, er solle seinen Mitmönchen Almosen geben. Damit erwerbe er Verdienste, die er dann auf seine Mutter übertragen und sie dadurch von ihrer Pein erretten könne. Das ist die Geschichte über Kindesliebe und die Frage, wie man bereits verstorbenen Vorfahren die positiven Folgen von eigenen guten Taten übertragen kann.

Stellt man sich die Folge der Generationen als Pyramide vor, sind wir momentan die Spitze. Jede Stufe der Pyramide entspricht einer Generation unserer Vorfahren, und von der Spitze bis zur Grundfläche nimmt der Umfang der Stufen zu. Unser Leben heute ist die Summe all ihrer Taten, und wir selber sind der Ausgangspunkt für unsere Nachkommen. Was immer unsere Vorfahren getan haben, es spiegelt sich in uns und unseren Kindern. Jede böse Tat schreibt sich unauslöschlich in die Seelen unserer Vorfahren ein und in die unserer Nachkommen auch.

Das Leben eines Menschen ist nicht ausschließlich seines, es ist die Folge der Vergangenheit und es ist verantwortlich für die Zukunft. Deshalb müssen wir jeden Tag mit großer Aufmerksamkeit begehen. Das ist die Botschaft des Bon-Festes. Der Buddha erinnerte daran, dass man sich irgendwann kopfüber im Folterreich der Hungrigen Geister wiederfindet, falls man das vergisst und lebt, als gäbe es nur einen selbst.

Die Geschichte von Hariti

Jedes Jahr heiraten sechs oder sieben meiner Teezeremonie-Schülerinnen und fünf oder sechs bekommen ein Kind. Meistens gelingt es mir nicht, mir die Namen der Kinder zu merken. Manchmal bekomme ich noch spät abends einen Anruf von der Familie einer ehemaligen Schülerin. Dann berichtet man mir, die junge Frau habe ein gesundes Kind zur Welt gebracht, und ich erfahre auch, wie es heißt. Das macht mich immer so glücklich, als wäre ich selbst Mutter geworden. Einmal schrieb mir eine ehemalige Schülerin: »Sobald mein Kind alt genug ist, dass es verstehen kann, möchte ich gemeinsam mit ihm zu Ihnen kommen, wenn Sie im Kloster über den Buddha sprechen. Ich hoffe, mein Kind nimmt dabei Verbindung mit dem Buddha auf.« Manchmal kommen sie auch bei mir vorbei, wenn sie mit ihrem Neugeborenen zum Shinto-Schrein gehen, um dort für die glückliche Geburt zu danken. Oder sie kommen gleich mit zwei Kindern, dann tragen sie das jüngere auf dem Rücken und haben das ältere an der Hand. Manchmal kann ich nicht widerstehen und nehme das kleinere kurz auf den Arm.

Diese Frauen hatten unschuldige Kindergesichter, solange sie meine Schülerinnen waren und auch noch bei ihrer Hochzeit. Wenn sie mich dann ein Jahr nach der Hochzeit besuchen und mir ihr erstes Kind vorführen, staune ich immer darüber, wie reif sie plötzlich wirken. Die Mutterschaft hat sie reifen lassen. Sie wirken, als hätten sie in einem Satz einen riesigen Entwicklungssprung gemacht. Sie wechseln die Kinderwindeln und freuen sich, wenn das Kind gesund ist. Falls das Baby etwas isst und dann wieder ausspuckt, probieren sie es erstmal selber. Kann man sich außer Müttern noch andere Leute vorstellen, die so etwas tun? Eine Mutter empfindet ihr Kind nicht als etwas von ihr Getrenntes. Ihr Kind kann ihr sogar wichtiger sein als sie selbst.

Ehemalige Schülerinnen erzählen immer wieder, wie dankbar sie heute ihren eigenen Müttern seien. Jetzt, wo sie selber Kinder hätten, werde ihnen erst wirklich klar, was sie ihren Müttern verdanken. Sie sagen das nicht irgendwie überschwänglich, sie sind einfach aus der Tiefe ihres Herzens dankbar. Derart schöne Beziehungen zwischen Müttern und Töchtern berühren mich sehr. Ich wünsche mir, dass diese jungen Mütter die Liebe zu ihren eigenen Kindern und zu ihren eigenen Müttern auf alle Menschen ausdehnen.

Wer nach einem lebenden Beispiel für Buddhas Liebe in der Welt sucht, könnte leicht an eine Mutter denken, die liebevoll für ihr Kind sorgt. Die Mutterliebe ähnelt der Liebe Buddhas, auch wenn sie bis zu einem gewissen Grade auf Instinkten beruht.

Der russische Dichter Iwan Turgenjew schrieb einmal eine Geschichte über Spatzen:

Bei einem schweren Sturm war ein Spatzenjunges aus dem Nest gefallen. Da kam ein Jagdhund vorbei. Beide Spatzeneltern wollten das Junge vor dem Tod bewahren: Sie warfen sich selber dem Hund zum Fraß vor. Sie hätten sich ohne Weiteres geopfert, um das Junge zu retten. Damit wollte Turgenjew zeigen, dass die Liebe stärker ist als der Tod, sogar stärker als die Todesangst.

Ein buddhistisches Sutra erzählt von Hariti. Hariti war ein Geistwesen, sie hatte einen Mann und mehrere Kinder. Eines Tages fing sie an, Kinder aus Rajagriha, der Hauptstadt Magadhas, zu entführen und zu töten. Die Leute trauten sich kaum mehr aus dem Haus und baten den Buddha um Hilfe. Der ging eines Morgens nach seiner Almosenrunde zu Haritis Haus. Sie war nicht da, nur ihr jüngstes Kind spielte allein zu Hause. Da gebrauchte der Buddha seine übernatürlichen Kräfte, versteckte das Kind in seiner Bettelschale und ging. Niemand hatte ihn gesehen. Als Hariti zurückkam, traf sie ihr geliebtes Kind nicht an. Da weinte und klagte sie laut. Überall suchte sie nach dem Kind, ging über Berg und Tal und in die Städte und Dörfer. Als das Kind verschwunden blieb, ging Hariti zum Buddha, warf sich vor ihm nieder und sagte: »Nirgends kann ich mein jüngstes Kind finden, das bringt mich allmählich um den Verstand. Bitte habe Erbarmen mit mir und finde mein Kind.«

Der Buddha fragte sie ruhig: »Wie viele Kinder hast du?« Hariti antwortete: »Viele.« Da sagte der Buddha: »Hariti! Du trauerst schon so tief, wenn du nur ein einziges deiner vielen Kinder verlierst. Was glaubst du, wie traurig die Mütter sind, die nur ein einziges Kind haben und es durch dich verlieren?«

Da wurde Hariti zum allerersten Mal bewusst, was sie getan hatte, und sie weinte bitterlich. Schließlich gab sie sich einen Ruck, bereute vor dem Buddha und nahm Zuflucht zu seiner Lehre. Da gab er ihr das geliebte Kind zurück. Von da an war Hariti die Schutzgöttin der Kinder.

Diese Geschichte ist für heutige Mütter besonders wichtig. Heutzutage gibt es in Japan eine scharfe Konkurrenz um die besten Universitäten. In dieser Situation sind manche Jugendlichen ganz froh, wenn andere bei der Aufnahmeprüfung krank sind. Die können dann gar nicht erst antreten und fallen aus der Konkurrenz. Die zugehörigen Mütter nennt man »Bildungsmamas«. Sie tun alles dafür, dass ihr Kind eine gute Universität besuchen kann. Manche haben sogar schon Examensaufgaben gestohlen. Das ist die Welt von »Fressen oder Gefressenwerden«. Solche Frauen sind eine moderne Hariti-Variante.

Aufs Ganze gesehen ist es aber trotzdem schön, wenn eine Mutter alles für ihr Kind tut, was in ihrer Macht steht. Ihre Liebe ist jedoch meist anders als die Liebe Buddhas, weil sie nicht erwacht ist. Nun ist es leider so, dass Menschen oft erst verlieren müssen, wen oder was sie lieben, bevor sie den Wert der Liebe ermessen können, und Freud und Leid darin. Das ist wie beim Organismus als solchem. Man nimmt den Magen erst wahr, wenn man Magenschmerzen bekommt, erst dann schätzt man einen guten Magen und kann es nachfühlen, wenn andere Leute Magenschmerzen haben. Es war Haritis eigenes Leiden, was sie von einem kindermordenden bösen Geist in die liebende Schutzgöttin der Kinder verwandelte. Sie musste genau das erleben, was sie anderen zugefügt hatte. Erst ihre eigenen Qualen wegen des scheinbar verlorenen Kindes erweckten sie zu einer tieferen, selbstlosen Liebe.

Wenn meine ehemaligen Schülerinnen zu mir kommen und mir ihre Kinder vorführen, wünsche ich ihnen so sehr, dass sie die Liebe zu ihren Kindern erweitern können, dass sich ihr Herz öffnet und sie jedes fühlende Wesen in ihre Liebe einschließen.

Mütterlichkeit

»Heute Morgen träumte ich, dass meine Mutter zu mir sagte: ›Deine rechte Schulter schaut unter der Bettdecke heraus.‹ Sie hatte weißes Haar und war über achtzig. Dann ging sie um mein Bett herum und strich die Decke glatt.

In Wirklichkeit habe ich sie vor siebenundzwanzig Jahren verloren. Ich bin auf der Insel Shikoku geboren und aufgewachsen; dort ist es sehr mild, und deshalb empfinde ich es hier in den Japanischen Alpen als kalt. Wenn ich mir vorstelle, wie sie mir in einem Traum bis hierher folgt und sich darum kümmert, dass ich mich nicht erkälte, dann bewegt mich das tief.«

An dieser Stelle stockte der Haiku-Dichter Sumita Oyama. Dann sprach er weiter. »Immer war ich stolz auf meine Mutter gewesen. Sie hatte keine formale Berufsausbildung genossen, aber sie bewirtschaftete unseren Hof und versorgte unsere große Familie. Sie hatte mir erzählt, dass sie Tag für Tag zu einem kleinen Kannon-Tempel vor dem Dorf gegangen sei, seit sie wusste, dass sie schwanger war, bis zum Tag meiner Geburt. Insofern passte es sehr gut, dass sie mich am Festtag der Kannon geboren hat. Meine Mutter liebte mich nicht erst, als sie mich sah, sondern schon als sie wusste, dass sie mit mir schwanger war. Auch meine Erziehung begann sie bereits im Mutterleib. In der Schwangerschaft hat nur die werdende Mutter eine Beziehung zu dem Ungeborenen, und schon da besuchte meine Mutter so oft den Kannon-Tempel. Auch nachdem ich auf der Welt war, ging sie weiter mit mir hin. So schützte und begleitete mich Kannon Bodhisattva von Anfang an.

Das waren positive Ausgangsbedingungen, und doch konnte ich spirituell und philosophisch erst mit mir selber Frieden schließen, als ich schon über dreißig war. Erst mit vierunddreißig Jahren verstand ich wirklich, wie sehr die Liebe meiner Mutter dem Geist Buddhas glich. Damals arbeitete ich bei der Telefongesellschaft in Hiroshima, wo ich Kurse für die Angestellten hielt. Eines Tages erhielt ich von zu Hause ein Telegramm mit dem Text: ›Mutter bewusstlos. Sofort heimkommen.‹ Es gibt keine schlimmere Nachricht, wenn man weit weg von daheim ist. Ich organisierte Vertretungen für meine Arbeit und erst in der Nacht konnte ich mich auf den Weg nach Hause machen. Der letzte Zug war bereits abgefahren, und so musste ich zu Fuß zur Fähre gehen. Drüben auf der Insel Shikoku ging ich die ganze Nacht weiter. Im Morgengrauen erreichte ich den Hintereingang unseres Hauses. Im leichten Regen waren einige Blüten vom Kiri-Baum gefallen, der vor unserem Haus stand. Dann sah ich unseren alten Hausarzt aus dem Haus kommen und über die herabgefallenen Blüten gehen. ›Wie geht es meiner Mutter?‹ fragte ich aufgewühlt. ›Sie hatte einen Schlaganfall. Ich habe sie zwar sofort behandelt, aber bisher ist sie nicht wieder zu Bewusstsein gekommen. Beeilen Sie sich und gehen Sie hinein.‹

Ich setzte mich neben sie aufs Bett. Immer wieder sprach ich sie an, aber sie reagierte nicht, es kam nur dieses unheimliche, röchelnde Schnarchen. Mein Vater hielt ohne Pause Wache bei ihr. Er verbot mir strikt, sie zu berühren. Ich versuchte, ihr trotzdem möglichst nahe zu sein und schaute sie ganz genau an. Ich konnte deutlich spüren, dass sie hohes Fieber hatte. In diesem Augenblick kamen mir all die Situationen in den Sinn, wo ich mit ihr in Konflikt geraten war und ihr Leid zugefügt hatte. Ich aß nichts und schlief nicht, und im Stillen flehte ich, sie möge die Augen öffnen.

Am darauffolgenden Abend, die Wanduhr schlug gerade neun, kam meine Mutter zu Bewusstsein. Als sie mich neben sich liegen sah, sagte sie stockend zu meiner Frau, die inzwischen auch angekommen war: ›Ich glaube, ... Sumitas Schulter ... schaut ... unter der Bettdecke ... heraus. Er soll sich ... nicht erkälten ... hol doch bitte ... noch eine Decke.‹ Als ich das hörte, zog es mir die Kehle zusammen, und ich musste losheulen. Aber die vielen Leute im Zimmer störten mich; deshalb steckte ich den Kopf unter die Decke und erstickte mein Schluchzen.

Es war eigentlich ausschließlich um die Frage gegangen, ob meine Mutter nach dem Schlaganfall und vierundzwanzig Stunden Bewusstlosigkeit noch einmal zu sich käme oder ob sie sterben würde, ohne das Bewusstsein noch einmal erlangt zu haben. Nun war sie schließlich doch zu sich gekommen – und was tat sie? Sie dachte nicht im Entferntesten an sich, sondern machte sich nur Gedanken um mich, der ich so gesund war, wie man nur sein kann. Da ging mir auf, wie tief und selbstlos sie mich liebte, und alles löste sich wie von allein. In diesem Augenblick wurde mir schlagartig bewusst, wie mein Leben aussehen müsste. Wäre ich damals nicht bei meiner Mutter gewesen oder hätte ich das nicht erlebt, ich hätte niemals das Glück gehabt, die Liebe meiner Mutter wirklich zu verstehen. Der Gedanke an ihre Krankheit macht mich noch immer traurig, aber erst ihre tiefe und selbstlose Liebe gab mir eine Vorstellung von Buddhas tiefem Mitgefühl. Deshalb bin ich dankbar für ihre Krankheit.«

Es war das Jahr 44 Showa (1969), als Herr Oyama uns an seinen Erinnerungen an seine Mutter teilhaben ließ. Mehr als hundert Leute hörten zu und alle waren den Tränen nahe. Alle dachten an ihre eigenen Mütter. Manche haben vielleicht gedacht, dass sie eine gute Mutter hatten, wie Herr Oyama. Andere mögen bereut haben, wenn sie ihrer Mutter das Leben schwergemacht hatten. Andere fühlten sich elend, weil sie ihre Mutter nicht schätzen konnten. Die verschiedensten Personen mit den verschiedensten Erinnerungen hörten diese Rede.

Es ist die Mutter, die vom Kind mit Leib und Seele angenommen wird, wenn es auf die Welt kommt. Und umgekehrt ist die Mutter diejenige, die dem Kind während der wichtigsten Wachstumszeit körperlich immer am nächsten ist. Ein japanisches Sprichwort sagt: »Was man mit drei Jahren gelernt hat, weiß man noch mit hundert.« Was ein Kind in diesem Alter lernt, bestimmt vor allem die Mutter. Eine freundliche Mutter hat ein freundliches Kind; eine klagsame Mutter hat ein klagsames Kind; und eine zornige Mutter hat ein gereiztes Kind.

Der buddhistische Gelehrte und Mönch Haya Akegarasu schreibt: »Milliarden Menschen – Milliarden Mütter. Keine einzige ist besser als meine.« Auch wenn eine Frau über keine formale Ausbildung verfügt und keine Schönheit ist, sollte sie eine Mutter werden wollen, über die das Kind sagt: »Keine Mutter ist besser als die meine.« Wenn wir glauben, ein Neugeborenes verstehe gar nichts, täuschen wir uns gewaltig. Ein Säugling nimmt jedes Wort und jede Bewegung der Mutter mit Leib und Seele auf wie Löschpapier die Tinte, auch wenn sie nicht darauf achtet. Alles prägt sich dem heranwachsenden Kind unauslöschlich ein, Gutes wie Schlechtes. Es liegt auf der Hand, dass eine Mutter deshalb selber aufmerksam leben sollte.

Nehmen wir einen Sohn. Wird er von einer guten Mutter großgezogen, wird er später ein mitfühlender und liebender Ehemann und ein freundlicher Vater. Ist das Kind ein Mädchen, dann wird sie selbst eine gute Mutter und auch ihre Kinder haben ein fröhliches Gemüt. So wird das Verhalten der Mutter weitergereicht und schlägt sich direkt in den folgenden Generationen nieder. Das Umgekehrte gilt natürlich auch. Schüttet man etwa ein Glas schmutziges Wasser am Oberlauf in einen Fluss, dann bleibt es bis zur Mündung Teil des Flusses. Das Leben einer Mutter ist nicht auf sie selbst beschränkt. Bei ihr beginnt der ewige Kreislauf des Lebens. Das sollte jede Mutter bedenken und deshalb sorgsam auf ihre Gedanken, Worte und Taten achten. Kurz, sie sollte einfach immer danach trachten, die beste Mutter der Welt zu sein.

Meine beiden Lehrerinnen

Es gibt einige Menschen, die ich gerne mit »Meister« oder »Meisterin« ansprechen würde, mit all der Liebe und Hochachtung, die ich innerlich mit diesem Wort verbinde. Dass ich da stehe, wo ich heute bin, verdanke ich einzig und allein meinen vielen guten Lehrerinnen und Lehrern, Freundinnen und Freunden, denen ich im Laufe meines Lebens begegnet bin. Ihnen allen bin ich zutiefst dankbar.

Hätte ich nicht zum richtigen Zeitpunkt die richtige Person getroffen und hätte diese damals nicht das Richtige gesagt, wie sähe mein Leben heute aus? Es schnürt mir die Kehle zu, wenn ich nur daran denke. Doch auch wenn wir großen Lehrenden begegnen und er oder sie über die wahren Lehren spricht, dürfen wir nicht vergessen: Richtig berührt werden wir davon nur dann, wenn wir die Sehnsucht nach dem Weg haben und aufmerksam zuhören. Nur dann können wir eine Beziehung zu einer Lehrerin oder einem Lehrer aufbauen. Dabei kommen mir die beiden Lehrerinnen in den Sinn, die von Anfang an meinen Entschluss nährten, den Weg selbst zu suchen und zu üben.

Schon immer war ich tief mit Buddhas Religion verbunden. Vom Mutterleib an war ich für den Priesterstand bestimmt. Im Frühjahr nach meinem fünften Geburtstag kam ich in das Kloster Muryoji in der Präfektur Nagano. Die Äbtissin dort war meine Tante, die alte Nonne Shuzan, aber meistens kümmerte sich die Nonne Senshu um mich, ihre Mitarbeiterin und Cousine. Shuzan brachte mich gleich in die Buddha-Halle, setzte mich vor die große Buddha-Statue in der Mitte und sagte zu mir:

»Schau dir diesen Buddha ganz genau an. An beiden Händen bilden Daumen und Zeigefinger einen Kreis, nicht wahr?« Es war eine Amida-Statue und Amida Buddha wird stets so dargestellt. »Wo immer du bist, ob du wach bist oder schläfst, ob du an den Buddha denkst oder nicht: Er wacht immer über dich. Wenn du etwas Schlimmes tust und glaubst, es sieht dich niemand, dann bilden seine Finger keine Kreise mehr, sondern Dreiecke.«

Klein und dumm, wie ich war, nahm ich das wörtlich. Was ich auch tat, immer dachte ich an Gesicht und Hände der Amida-Buddha-Statue. Wenn ich faul war, etwas Verbotenes getan oder durch irgendeine Bemerkung die Gefühle einer anderen Person verletzt hatte, stellte ich mir immer vor, Amida Buddhas Finger wären zu Dreiecken geworden. Dann stieg ich auf den dunklen Altar und prüfte nach. Er aber lächelte unentwegt und immer bildeten seine Finger einen Kreis.

Die Worte »immer wacht er über dich« enthalten volles Vertrauen und Hoffnung. Ich bemühte mich sehr. Aber trotzdem gab es Zeiten, wo man mich falsch verstand, mich in die Enge trieb oder mir Vorwürfe machte. Genau in solchen Zeiten fühlte ich mich in den Händen Amida Buddhas aufgehoben und geborgen, als ob sie wärmen könnten, und ich fühlte mich nicht allein. Die Worte »immer wacht er über dich« flößen auch Respekt ein. Immer wenn mich die Leute so lobten, dass ich befürchtete abzuheben, entsann ich mich der Finger Amida Buddhas – sie könnten ja plötzlich zu Dreiecken werden.

Ich wollte immer so leben, dass Amida Buddha es gutheißen könnte, unabhängig davon, was die Leute von mir hielten. Oft genug gelang mir das nicht, doch ich wurde sofort innerlich ruhig, wenn ich an Amida Buddha dachte und daran, dass er mich umfängt, so wie ich bin.

So lernte ich schon als Kind, wie wichtig ein Leben nach Buddhas Regeln ist. Gleichzeitig lernte ich, dass ein jedes Leben in Buddhas Hand liegt und auf seine Art durchwirkt ist von Fröhlichkeit und Traurigkeit, Freude und Leid, Glück und Unglück. Seitdem sind viele Jahre vergangen, und in der Praxis haben sich die Lehren immer wieder bestätigt.

Von dem Tag an, als ich zum ersten Mal das Tempeltor durchschritten hatte, lernte ich die kurzen Sutren auswendig, etwa das Mikkyō-Sutra über die »Verehrung der Gebeine Shakyamunis« und das *Hannya Shingyō,* das Herz-Sutra, das im ganzen Mahayana-Buddhismus rezitiert wird. Mit etwa vierzehn Jahren kannte ich fast alle Sutren auswendig, die in den Ausbildungsklöstern gelehrt werden. Shuzan war herzensgut, aber streng. An keinem einzigen der 365 Tage des Jahres durfte ich ausschlafen. Wenn wir zur Morgenliturgie aufstanden, war es draußen noch tiefe Nacht. Mitten im

Winter hatte es in der Buddha-Halle unseres Bergklosters höchstens minus fünfzehn Grad Celsius, und mit tauben Händen schlug ich mit voller Kraft das Holzinstrument, mit dem man die Sutrenrezitation begleitet.

Jeden Abend zur gleichen Stunde hatte ich Sutren-Unterricht. Auch in der größten Kälte verließ ich dann den warmen Platz am Ofen, setzte mich im japanischen Fersensitz hin, legte die Hände ordentlich vor den Knien auf den Boden, verbeugte mich und sagte: »Bitte unterweise mich.« Auch Shuzan verließ dann ihren warmen Platz und setzte sich im formalen Fersensitz auf die Knie; dann zeigte sie der Reihe nach mit dem Stock auf die chinesischen Schriftzeichen und las sie mir vor. Meistens war auch Senshu dabei und machte Handarbeiten. Nach dem Sutra-Unterricht erzählte Senshu dann noch Geschichten von den Zen-Meistern vergangener Zeiten, wie sie in den alten Schriften aufgezeichnet sind.

Solange ich in die Grundschule ging, durfte ich an freien Tagen nach dem Mittagessen genau eine Stunde spielen. Einmal vergaß ich beim Spielen die Zeit und kam eine Stunde zu spät. Da schüttete mir Shuzan einen Eimer Wasser über den Kopf und schimpfte mich sehr. Später im Gymnasium bekam ich keine Studierzeit. Sogar während der Abschlussprüfungen gab es nur zwei Möglichkeiten, eine Art »Studierzeit« zu erschleichen: Entweder auf dem Schulweg, der zu Fuß einfach eine Stunde dauerte, oder in der Nacht. Sie sagten: »Wer zum Lernen gezwungen wird, verliert die Freude daran. Wer aber keine Zeit zum Lernen bekommt, wird alles dafür tun, sich welche zu verschaffen. Dann kann er oder sie diese Zeit wirklich effektiv nutzen.« Ich klagte nie über die körperliche Arbeit, aber es brachte mich oft zum Weinen, dass ich keine Zeit zum Lernen hatte. Deshalb wiederholte ich meine Englisch-Vokabeln heimlich, etwa wenn ich im Garten Unkraut jätete oder Maulbeerblätter für die Seidenraupen pflückte und sogar wenn ich im Bad war. Die Herausforderung war, so viel wie möglich in den vierundzwanzig Stunden des Tages unterzubringen. So lebe ich heute noch.

Einmal sagte Yoshio Toi: »Wenn du Kindern das Lernen hundertprozentig verleiden willst, brauchst du ihnen bloß von früh bis spät sagen, sie sollten lernen.« Bei diesen Worten kamen mir meine beiden Lehrerinnen in den Sinn und ich empfand es als Glück, dass ich bei ihnen aufwachsen durfte und sie mich unterwiesen hatten. In meinem sechzehnten Lebensjahr wurde ich ordiniert. Es war im Frühjahr und der Traum vom höchsten Weg erfüllte mich. Ich durchlief die Ausbildungsjahre im Ausbildungskloster Aichi Senmon Nisodo für Sōtō-Priesterinnen, und danach besuchte ich die Komazawa-Universität in Tokio, die der Sōtō-Schule angeschlossen ist. Fünfzehn weitere Jahre ab meiner Ordination gaben mir meine beiden Lehrerinnen Zeit und ich durfte an der Universität studieren.

Auf meiner Suche nach dem Weg unterstützten mich einige Eigenschaften wie jugendliches Ungestüm, ein unbeugsamer Wille und meine Ungeduld. Doch ich war zu leicht enttäuscht. Dann suchte ich weiter, bis zur Verzweiflung. In jeder Verzweiflungsphase beklagte ich die Korruption in den buddhistischen Organisationen und schimpfte über den buddhistischen Klerus. Da nahmen mich meine beiden Lehrerinnen Shuzan und Senshu ernsthaft ins Gebet: »Was glaubst du eigentlich, wer du bist? Alle Menschen haben gute Seiten. Wohin soll es führen, wenn du in deinem Herzen nicht bescheiden genug bist, um von allen etwas zu lernen?« Bis auf den heutigen Tag klingen diese Worte in meinem Ohr nach. Die fünfzehn Jahre meiner Jugend, in denen ich vergeblich nach dem Weg gesucht hatte, waren wie die Fahrt auf einer endlosen, kurvenreichen Bergstraße. Und trotzdem ging ich schließlich meinen Weg. Ich fand zu einem neuen Staunen über Tiefe und Großartigkeit des Weges. So konnte ich in unser Bergkloster zurückkehren, um spirituell weiter zu reifen.

Es war Sommer, als ich zurückkam. Ab da leitete ich jedes Jahr ein Sesshin, eine Zeit intensiver Zazen-Übung. Jedes Jahr kamen mehr Leute und bald wurden Bettzeug und Schlafplätze knapp. Meine Lehrerinnen waren glücklich, sie überließen den Übenden ihre eigenen Futons und legten für sich selbst ein paar Kissen als Matratze in die Wandschränke. Immer war Senshu für die Küche verantwortlich, erst für hundert, später für zweihundert Gäste. Auf ihre alten Tage litt sie dann unter Grauem Star und sah fast nichts mehr. Aber sie sagte: »Ich kann immer noch das Bad heizen« und legte das Holz im Badeofen nach. Am Ende eines Sommer-Sesshins, in ihrem vierundneunzigsten Lebensjahr, sagte sie: »Bis nächsten Sommer halte ich durch und ich hoffe, dass ihr alle wiederkommt. Bitte kommt auch nächstes Jahr hierher.« Aber es war dann doch ihr letzter Sommer – sie verließ uns im Dezember desselben Jahres.

Meine beiden Lehrerinnen arbeiteten im Hintergrund, dort, wo einem niemand dankt. Gleichzeitig machte sich die Schülerin, nämlich ich, nicht mehr bei der Arbeit die Hände schmutzig, sondern saß vor den Teilnehmenden, erklärte ihnen Zazen und erläuterte das Dharma.

Ich wusste zwar, dass ich die Schuld meinen beiden Lehrerinnen gegenüber niemals würde abtragen können, aber ich wollte ihnen doch etwas zurückgeben. Deshalb überredete ich einmal die beiden Nonnen, mich für ein Sesshin zum Kochen in die Küche zu lassen. Von vier Uhr früh bis nach neun Uhr abends arbeitete ich allein in der Küche und rief mir in Erinnerung, in welcher Schuld ich bei meinen Lehrerinnen stand. Ich wünsche mir, dass später auch meine Schülerinnen oder Schüler den Leuten das Zazen erklären, während ich hinten in der Küche stehe oder draußen auf den Feldern arbeite, genau wie es meine Lehrerinnen für mich getan haben.

Schau nicht auf die Fehler der anderen

Sieh nicht des anderen Verstöße,
Nicht, was er tat und unterließ;
Sieh, was du selber hast getan
Und was du unterlassen hast.
DHAMMAPADA, VERS 50, FASSUNG NYANATILOKA

»Was er tat« bezieht sich auf Fehler anderer Leute. »Was er unterließ« bezieht sich darauf, was er hätte tun sollen, aber eben nicht getan hat. Schauen wir nicht immer auf andere, fragen wir uns lieber: »Wie ist es mit mir? Habe ich gegen Buddhas Lehren gehandelt? Betrachte ich die Dinge immer so, als ginge es um mich? Habe ich meine Aufgaben auf dem Weg nur nachlässig erfüllt?«

Jede Spur Unachtsamkeit lenkt uns ein wenig vom Weg ab und verleitet uns, Rede und Verhalten der »anderen« zu übernehmen. Bemerken wir solche Ideen bei uns, dann sollten wir uns ernsthaft bemühen, die Fehler der anderen nicht zu beachten, selbst wenn uns die mehr ins Auge stechen als unsere eigenen. Im *Dhammapada* steht in Vers 252 sinngemäß: Die Fehler der anderen sieht man gut, die eigenen weniger. Über die Fehler anderer zu sprechen ist einfach, eigene versucht man vielleicht zu vertuschen. – Wie können wir davon wegkommen, ständig auf die Schwächen der anderen zu schauen und stattdessen offen werden dafür, dass andere uns kritisieren? Shakyamuni Buddha sagt im *Dhammapada* auch: »Triffst du einen Weisen, der deine Fehler klug benennt, dann halte dich an ihn, als ob er dir heimliche Schätze offenbarte. Wer mit einem solchen Menschen zu tun hat, profitiert davon und hat keinen Nachteil« (Vers 76).

Alle Menschen freuen sich, wenn man sie lobt. Weniger angenehm ist es, wenn einen jemand darauf hinweist, dass man Fehler gemacht hat. Es ist sogar dann unangenehm, wenn er oder sie sich sichtlich bemüht, das freundlich zu tun. Manche erzählen vielleicht Schlechtes über uns, sagen uns aber nichts davon ins Gesicht. Das ist üble Nachrede; erfahren wir etwas davon, ärgern wir uns und sagen: »Hätte diese Person doch den Mut gehabt, mir das direkt zu sagen.« Meistens wäre es aber doch nicht so einfach gewesen, wir hätten die Kritik auch dann nicht angenommen, wenn man sie uns direkt gesagt hätte. Das ist die traurige Wahrheit des Ich, das um sich selber kreist. Als ich darüber nachdachte, fand ich einen Ausspruch von Rennyo (1414–1499), dem achten Abt und Erneuerer der Schule des Reinen Landes: »Fällt es dir schwer, mir etwas ins Gesicht zu sagen, dann geh' und erzähl' es jemandem als Klatsch. So möchte ich es dann hören und meine Fehler korrigieren können.« Das beeindruckte mich tief. Bei jemand wie Rennyo kann sich sogar Verleumdung in das Strahlen der Buddhas verwandeln. Deshalb betrachte ich ihn als Vorbild.

Manche müssen gewissermaßen qua Amt andere auf ihre Schwächen und Fehler aufmerksam machen. Wie sollten wir dann vorgehen? Dōgen Zenjis Lehrer in China war Tendō Nyojō [Tiantong Rujing, 1163–1228]. Immer wenn Nyojō seine Mönche anspornen wollte, nahm er eine seiner Sandalen, schlug sie damit und tadelte sie mit scharfen Worten. Die Mönche nahmen das dankbar an, doch im *Shōbōgenzō Zuimonki* (Kapitel I 7) steht außerdem:

»Einmal kam Meister Nyojō in die Meditationshalle und gestand mit Tränen in den Augen: ›Ich bin alt. Ich hätte mich längst aus dem Kloster zurückziehen, in eine Einsiedelei gehen und mich in meinem hohen Alter um mich selber kümmern sollen. Aber ich bin der Abt und euer Lehrer, und es ist meine Pflicht, die Verblendungen eines jeden von euch zu zerstören und euch den Weg zu übermitteln; deshalb benutze ich zeitweise eine barsche Sprache, wenn ich euch zurechtweise, oder ich schlage euch ... Es bekümmert mich tief, dass ich euch so behandeln muss. Aber es ist einfach das Mittel, das ich an Buddhas statt verwende, damit das Dharma blühen kann. Bitte habt Mitgefühl mit mir und überlegt, ob das richtig ist oder nicht.‹«

Nyojō tadelte seine Mönche auf ernsthafte und demütige Weise, er flehte mit mitfühlendem Herzen, dass sie zu den wahren Lehren erwachen möchten. Aus diesem Grund waren die Mönche dankbar für seine Schläge. Diese Art von Ermahnung wäre unvorstellbar, erwüchse sie nicht aus Buddhas Liebe, die selbstlos und fürsorglich ist wie die guter Eltern.

Kritik fürchten ist unwürdig

Stellt euch Shakyamuni Buddha als eine Art Sonne vor. Dann wäre es die Aufgabe des buddhistischen Klerus, den Menschen das Licht der Sonne zu bringen. Tatsächlich wirkt die heutige Priesterschaft eher wie ein Haufen schwarzer Wolken, die die Sonne verdunkeln. Früher wünschte ich mir, wenigstens bloß eine kleine Wolke zu sein, die die Sonne gleichsam schmückt – aber auch eine solche Wolke verdeckt die Sonne. Andererseits wäre es auch hochmütig, wollte ich direkt das Strahlen der Sonne überbringen. Vor dieser Art Hochmut hätte ich wirklich Angst.

Wir haben nur dieses eine Leben und wollen draufgängerisch die Welt erobern, aber schließlich nimmt uns die Erde wieder auf. Als ich in meiner Jugend auf der Suche war, mich dabei verrannte und dann erneut suchte, half mir immer wieder Shakyamunis Antwort an Atula in den *Dhammapada*-Versen 227 und 228.

Diese Verse erzählen folgende Geschichte: Eines Tages kam ein junger Mann namens Atula zu Shakyamuni Buddha. Atula war innerlich aufgewühlt, weil die Leute über ihn tuschelten. Der Buddha hörte jedem Wort Atulas aufmerksam zu und sagte dann: »Was ich dir jetzt sage, Atula, ist ein Sprichwort aus alten Tagen, nichts Neues. Man tadelt den Menschen, der schweigt, man tadelt den Menschen, der zu viel redet, und man tadelt den Menschen, der zu wenig redet. In dieser Welt kann kein Mensch dem Tadel entgehen. Es gab niemals einen Menschen, es gibt heute keinen und es wird auch niemals einen geben, der grundsätzlich nur getadelt wird, aber auch keinen, der grundsätzlich nur gelobt wird.«

Shakyamuni wollte damit sagen, dass das immer schon so war, nicht erst seit Kurzem. Wenn jemand ruhig ist, werden sich andere über seine oder ihre Verschlossenheit beklagen. Redet eine Person wenig, haben sie auch daran etwas auszusetzen. Und wer viel spricht, gilt sowieso als Klatschtante. Was wir auch tun, es gehört zur Natur des Menschen, dass er an anderen etwas auszusetzen hat. Noch nie wurde irgendjemand ausschließlich kritisiert oder ausschließlich gelobt, und das ist so bis auf den heutigen Tag.

Wofür man von den einen gelobt wird, trägt einem von anderer Seite Kritik ein. Das geschieht ständig und überall. Ich persönlich habe jederzeit die Augen des Buddha auf mir gespürt und mich deshalb bemüht, mich von diesen großen Augen leiten zu lassen, nicht vom Urteil anderer Leute, das sich ohnehin nicht immer nachvollziehen lässt.

Außer Shakyamunis Rede an Atula haben mir auch noch andere Texte bei der Selbstdisziplin geholfen, etwa Dōgens Aussage im *Shōbōgenzō Zuimonki* (IV-1): »Müsst ihr euch mit dem Urteil anderer über euch auseinandersetzen, so zieht die Meinung einer Person mit klarem Blick zu Rate.« Manchmal ist es nötig, dass man zurechtgewiesen wird. Allerdings kommt es darauf an, wer das tut und aus welchem Grund. Ein altes Sprichwort sagt: »Wer sich schämt, weil er banalen Anforderungen nicht genügt, denkt selbst banal.«

Will eine Mutter ihr Kind zurechtweisen, dann sollte sie das sehr achtsam tun. Mütter sagen ihren Kindern oft: »Wenn du das tust, machen sich die Leute über dich lustig.« Diese Art Zurechtweisung nützt gar nichts. Es ist schlimm, wenn man kleine Kinder in dieser Weise beeinflusst. Ihr Geist ist noch unreif und ungefestigt. Sagt man ihnen solche Sachen, wird ihr Verhalten und ihre innere Moral vom Urteil anderer Leute geprägt, fast unmerklich, aber nachhaltig.

Es gibt noch ein weiteres schwerwiegendes Problem, wenn man Kinder auf diese Weise erzieht: Sie können auf die Idee kommen, solange es nur nicht herauskommt, könnten sie sich auch schlecht benehmen und Böses tun. Es geht aber darum, ob man gut oder böse handelt, nicht darum, ob andere es herausfinden und das beurteilen. Es ist unerheblich, ob andere etwas für gut oder schlecht halten, etwas richtig oder falsch verstehen oder es gar nicht bemerken. Es geht darum, was dem Weg entspricht und was die Würde der anderen wahrt. Was wir tun, sollten wir erst dann entscheiden, wenn wir in unserem Herzen Buddhas Hilfe erbeten haben. Eltern sollten ihr eigenes Leben so führen, dann können sie ihre Kinder auch mit dieser Einstellung erziehen, sogar, wenn sie schimpfen müssen.

Das Sutra der Mutter

Die Sonne schien warm. Auf der papierenen Schiebetüre zeichnete sich der Schatten einer Forsythie ab, die gerade aufging und sich leicht im Wind wiegte. Ich saß hinter der Türe, mein Rücken wärmte sich auf und ich wurde angenehm schläfrig. Ich trank eine Schale *Macha,* geschlagenen grünen Tee, und lauschte, wie der Wind leise durch die Kiefern strich. Neben mir saß meine Freundin. Plötzlich fing sie an zu sprechen: »Neuerdings bemerke ich deutlich, wie mein Gedächtnis nachlässt. Ich glaube, ich kann nicht mehr so gut denken wie früher. Ich bemühe mich wirklich, konzentriert zu lesen, aber ich habe das Gefühl, dass nichts hängenbleibt. Wir beide waren zwar zusammen in der Schule und starteten insofern von der gleichen Position aus. Aber nur du hast deinen Kopf immer benutzt. Du hast zeitlebens damit gearbeitet, hast einige hervorragende Bücher geschrieben, wirst zu Vorlesungen und Vorträgen eingeladen – kurz, du bist jemand und dein Leben ist etwas wert. Und ich? Mein Leben bestand aus Bauernhof und Kindern. Mein Kopf ist völlig untrainiert und das muss der

Grund dafür sein, dass ich heute dermaßen beschränkt bin. Wir waren zwar gemeinsam in der Schule, doch unser Leben hat völlig verschiedene Wege genommen. Jetzt kommt es mir so vor, als seien Welten zwischen uns.«

Ich spürte die Schwermut in ihren Worten. Diese Freundin war mir intellektuell haushoch überlegen, sie hätte das Zeug zur Professorin gehabt, wenn sie an die Universität gegangen wäre. Aber sie war das einzige Kind auf dem Hof. Deshalb durfte sie das nicht. Sie musste heiraten, den Hof übernehmen und Familientradition und Stammbaum erhalten [in Japan nimmt in einem solchen Fall seit jeher der einheiratende Ehemann den Namen der Frau an]. Offenbar spürte sie ein Gefühl von Endgültigkeit durch ihr Herz ziehen, das Gefühl, dass sich ihr gesamtes Leben tatsächlich in Bauernhof und Kindern erschöpfen würde.

Ich verstand sofort schmerzhaft, was sie meinte, und sagte deshalb: »Viele halten Menschen für wichtig, wenn sie im Fernsehen oder im Radio auftreten oder für Zeitungen oder Zeitschriften schreiben. Aber warum sollten solche Menschen etwas Besonderes sein? Es ist mein Glück, dass ich derlei Dinge tun darf, und ich tue dabei mein Bestes. Wenn ich etwas schreibe, kann ich darin herumradieren und etwas verbessern. Aber Landwirtschaft und Kinder erlauben keine Korrektur. Jeder deiner ›Sätze‹ muss vollständig sein, es ist nichts mehr daran zu ändern. Hast du nicht jeden deiner Sätze mit Leib und Seele geschrieben? – Auch wenn Kinder sich gelegentlich gegen ihre Eltern stellen, werden sie langfristig doch dem Lebensmuster ihrer Kindheit entsprechen. Alle Wörter und alle Sätze ihrer Kindheit werden sie später in Leben übersetzen, und sie werden nichts auslassen, was ihre Eltern durch ihr Handeln in ihnen angelegt haben. Du hast in deinem Leben ein einziges, eigenes, wertvolles ›Buch‹ geschrieben, und du bist noch immer am Schreiben. Ist nicht dein Leben folglich ganz genauso gut wie das aller anderen?«

Langsam begann meine Freundin zu strahlen. Ich wollte ihr ein Beispiel dafür geben, wie Kinder jede Handlung ihrer Eltern – also deren Wörter und Sätze – unmittelbar aufnehmen und später danach leben, und erzählte ihr ein bisschen über meine eigene Kindheit:

»Mein Vater war die letzten fünfzehn Jahre seines Lebens krank und bettlägerig. Ich wurde etwa sieben Jahre vor seinem Tod geboren, und meine Eltern wollten, dass ich Nonne würde. Mit fünf Jahren schickte man mich von zu Hause fort in ein Kloster und deshalb kann ich mich kaum an den Alltag meiner Mutter erinnern. Mein Vater war zweiundfünfzig, als er starb. Meine einzige bildliche Erinnerung an ihn ist, wie er da lag. Kurz bevor er starb, kam in unserem Kloster ein Telegramm an mit der Nachricht, er schwebe in Lebensgefahr. Man brachte mich nach Hause und ich blieb einige Tage dort. Was ich in dieser kurzen Zeit an meiner Mutter beobachtet habe, war mir mein ganzes Leben lang Ermutigung und Stütze.

Zur gleichen Zeit war auch meine achtzigjährige Großmutter bettlägerig, bei ihr war es einfach Altersschwäche. Meine Mutter pflegte beide, Vater und Großmutter, und gleichzeitig versorgte sie die Landwirtschaft und meine beiden älteren Geschwister. Sie war dünn wie eine Bohnenstange und wirkte immer in Eile. Sogar die Reisknödel machte sie alleine, obwohl dafür normalerweise mehrere Personen zusammenarbeiten müssen. Man muss nämlich einen Ofen mit Holz und Stroh heizen und darauf gart der Reis. Der fertige Reis wird mit einem schweren Stößel gestampft, bis er eine feste Masse ist. Daraus werden Rollen in der richtigen Dicke geformt und aus diesen die kleinen Knödel. Meine Mutter nahm es als gegeben hin, dass sie das alleine machen musste, und klagte niemals. Sie verrichtete einfach ihre schwere Arbeit.

Als es meinem Vater schlechter ging, wollte er sie oft in seiner Nähe haben. Natürlich hätte sie nicht ständig um ihn sein und gleichzeitig den Haushalt führen können. Wenn es ihm schlechter ging, holte sie deshalb immer frisches Gemüse vom Feld oder aus dem Garten und ging damit in die Küche. Dort konnte sie ihn hören und gleichzeitig das Gemüse kochen oder einmachen. Fünfzehn Jahre kämpfte mein Vater mit der Krankheit, dann verließ er diese Welt, nur zwei Monate nach meiner Großmutter. So gab es in unserer Familie im Abstand von zwei Monaten zwei Beerdigungen. Die Leute im Dorf sagten, jetzt würde meine Mutter sicher selber krank.

Kurz danach heiratete meine Schwester und ging von zu Hause weg und mein Bruder musste nach der Schule als Kadett zum Militär. Plötzlich war meine Mutter ganz allein. Aber sie kam gar nicht auf die Idee, sich auszuruhen, sie arbeitete wie wild, um Haus und Hof am Laufen zu halten.

Immer wenn die viele Arbeit auf mir lastet, wenn mir nach Klagen zumute ist oder mich Dinge ärgern, weil sie schiefgehen, denke ich an meine Mutter und an ihr schweres Leben. Dann sage ich mir: ›Du kannst dich überhaupt nicht mit ihr vergleichen; nimm' die Dinge, wie sie sind. Beklage dich nicht, ärgere dich nicht. Tu, was du kannst.‹ – Ich kann mich nur an sehr kurze Zeiten erinnern, in denen ich mit meiner Mutter zusammenleben konnte. Aber die waren mir immer eine große Stütze und ein starker Ansporn zum Weitermachen. Wären es zehn Jahre gewesen oder mehr, hätte sie mich wahrscheinlich noch viel mehr beeinflusst.

Was Eltern denken, sagen oder tun, wie sie miteinander sprechen und umgehen, ob sie fröhlich oder traurig sind – alles schreibt sich dem weichen und formbaren kindlichen Herzen getreulich ein, es wandelt sich zu Klängen und Bildern, die sich nicht mehr löschen lassen. Kinder werden durch eine Vielzahl solcher Eindrücke geprägt. Wie Kinder auch immer zu ihren Eltern stehen, in aller Regel werden sie zu lebenden Abbildern ihrer Eltern und erziehen ihre eigenen Kinder meist genauso, wie sie selbst erzogen wurden. So wird alles ohne Abstrich bewahrt, jedes Wort, jede Tat, jedes Lachen, jede Ablehnung, jedes Weinen. Mir ist klar, welche Verantwortung Eltern tragen und wie schwierig Elternschaft ist.

Meine Mutter wirkte, als sei für sie alles, was sie tat, eine Art Rezitation – als rezitiere sie die Sutren mit dem Körper, wie Bodhidharmas indischer Lehrer Prajñādhara. In der kommentierten Koan-Sammlung *Shōyōroku* (Über den Gleichmut) las ich einmal eine Geschichte über Prajñādhara und einen König im Osten Indiens. Der König hatte Prajñādhara zu einem Festmahl geladen. Normalerweise bedankten sich Mönche damals für so ein Essen, indem sie eine Ansprache hielten oder ein Sutra rezitieren. Das nannte man Dharma-Gabe. Prajñādhara aber aß einfach. Sonst tat er nichts. Das gefiel dem König nicht, und er fragte den Mönch, warum er nichts rezitiere. Da sagte Prajñādhara: ›Ich atme ein, ich atme aus, ich hebe meinen Fuß und setze ihn nieder – wie ich lebe, wie ich bin, alles verkörpert den unendlichen Weg von Himmel und Erde, das Wesen aller wahren Sutren. Ich tue immer dasselbe: Ich singe die wahren und erhabenen Sutren, Tausende von Bänden.‹

In diesem kurzen Leben folgen wir dem unendlichen Weg von Himmel und Erde, indem wir die ewigen, wahren Sutren mit unserem endlichen Körper rezitieren. Es ist eine unvergleichliche Freude, sein ureigenes Sutra ausdrücken oder die Sutren der anderen entziffern zu können. ›Die anderen‹ sind dabei nicht nur Menschen, sondern auch Pflanzen und Tiere, ja sogar Steine und Wasser, die nicht zu den fühlenden Wesen zählen. Sie alle verkünden das Dharma.

Ninomiya Sontoku (1787–1856) war ein berühmter japanischer Philosoph und Agrarwissenschaftler. Er sagte einmal: ›Unentwegt verkünden Himmel und Erde die Sutren, die niemand aufgeschrieben hat; sie tun es ohne Ton und ohne Duft.‹ Dōgen Zenji schreibt: ›Die Farben der Berggipfel und das Echo der Täler – alles zeigt Shakyamuni Buddha und erzählt von ihm.‹ Der Zen-Meister Daichi (1290–1366) schreibt: ›Alle nicht-fühlenden Wesen verkünden Buddhas Dharma; alle fühlenden Wesen lauschen.‹ Im Grunde meinen alle dasselbe. Worum es einzig und allein geht: Sind wir bereit zu hören?«

Das Vermächtnis von Eltern

Welche Worte hinterlassen Eltern, wenn sie sterben? Wie sieht ihr ureigenes »Sutra« aus, das Sutra ihres Lebens, das sie Kindern und Kindeskindern hinterlassen? Ist es nicht die Botschaft »auch du wirst sterben«, oder, wie es Yoshio Toi ausdrückte, »Leben schließt immer den Tod mit ein«? Alle Lebewesen müssen irgendwann sterben, nur dass niemand den Zeitpunkt kennt. Wie müssten wir leben, damit wir es jederzeit akzeptieren könnten zu sterben? Es ist zu spät, wenn der Tod schon auf der Schwelle steht. Wenn wir erfahren, dass ein Mensch gestorben ist, vergleichen wir seine Situation mit unserer eigenen und überlegen, wie wir wirklich leben sollten. Beerdigungen haben genau den Sinn, dass wir über unser eigenes Leben nachdenken. Mir scheint, dieses Nachdenken ist unser bestes Geschenk an die Toten, die beste Art des Totengedenkens. Dōgen sagt im *Shōbōgenzō,* dass alle Zen-Übenden vom Vorbild längst verstorbener Dharma-Vorfahren profitierten. Um sich dafür dankbar zu erweisen, müsse man aber nichts Besonderes tun. Nichts sei dafür besser geeignet, als Tag für Tag einfach die tägliche Übung aufrechtzuerhalten.

Wollen wir die Verstorbenen wirklich trösten, dann geht das vor allem dadurch, dass wir durch und durch sinnvoll leben. Wenn wir auf diese Weise sinnvoll leben, können sie in Ruhe Nirvana und ihre angeborene Buddhaschaft erkennen, und wir werden immer vertrauter mit dem Sutra unserer Eltern, ihrem Vermächtnis, das sie mit ihren eigenen Kräften geschrieben haben.

Sich gegenseitig verstehen

Eines Tages stiegen König Pasenadi und Königin Mallika von Kosala auf die Dachterrasse ihres Palastes. Der König schaute über die geschäftigen Straßen der Stadt Shravasti und die weiten Bergketten und Ebenen des Landes Kosala hin, wandte sich zu seiner Königin und fragte sie: »Mallika, gibt es in dieser weiten Welt eine Person, die du mehr liebst als dich selbst?« Sie dachte eine Weile nach, dann antwortete sie fast im Ton eines Geständnisses: »Eure Majestät, ich liebe niemanden in dieser Welt mehr als mich selbst. Und du, mein Herr?« »Mallika, ich fürchte, bei mir ist das ganz genauso.«

Beide empfanden dasselbe, aber irgendwie hatten sie das Gefühl, das stehe nicht im Einklang mit den Lehren Buddhas, zu denen sie Zuflucht genommen hatten. Also besuchte das Königspaar den Buddha, der sich gerade im Kloster Jetavana in der Nähe aufhielt. Sie berichteten, was sie sich überlegt hatten, und baten um Unterweisung. Der Buddha hörte ihnen genau zu, dann verbeugte er sich und antwortete: »Wir durchmessen die ganze Welt mit unseren Gedanken und können nichts finden, was uns lieber wäre als wir selbst. Die anderen lieben sich selbst genauso wie wir uns. Wenn man das erkannt hat, sollte man niemandem mehr schaden.« (*Samyutta Nikāya,* Teil I, Kapitel 3)

Das ist ein Sutra für Menschen, die keine Illusionen mehr haben und sich selber gründlich kennen. Manche Leute sagen: »Ich mache mir keine Sorgen um mich, nur dir soll es gut gehen« oder »ich weihe mein Leben der Welt und den anderen Menschen, ich werde alles für andere tun« oder »für mein Kind würde ich durchs Feuer gehen«. Solche Aussagen haben normalerweise eine Kehrseite: das gierige Ich, das im Grunde von sich selber begeistert ist und ständig überlegt, wie es eine Situation in einen persönlichen Vorteil ummünzen kann. Ausschalten können wir menschliche Gier bei keiner einzigen Handlung, man könnte sie auch als instinkthafte Selbstliebe bezeichnen. Der Buddha erkannte das genau, und deshalb drehte er das Ganze um und sagte: schade niemand anderem. Jeder Mensch liebt sich selbst so wie ich mich. Wenn jemand herzlos daherredet oder herzlos handelt, fühle ich mich verletzt und leide darunter. Anderen geht es ganz genauso. Genau wie ich streben auch die anderen ernsthaft nach Glück und genau deshalb sollten wir niemanden verletzen und niemandem Leid zufügen. Lasst uns den Menschen Glück bringen. Auf diese Weise wandelt sich die Selbstliebe zur Nächstenliebe, und das ist die höchste Form der Eigenliebe.

Wer sich selbst nicht wirklich lieben kann, kommt gar nicht so weit, andere Menschen zu lieben. Heutzutage kommt es vor, dass jemand einen anderen Menschen tötet wie eine Fliege, bloß weil er sich von dieser Person belästigt fühlt. Unweigerlich behandelt so jemand sich selbst und sein eigenes Leben mit genau der gleichen Geringschätzung.

Lieben wir uns selbst in dieser höchsten Form, dann verschwindet erstmals die Grenze zwischen uns und den anderen, und die Freuden und Nöte der anderen werden wirklich und wahrhaftig zu unseren eigenen. Unter solchen Bedingungen können wir gar nicht tatenlos zuschauen, wenn andere Leute vor unseren Augen leiden, ob sie jetzt krank sind oder existentielle Probleme im Leben haben. Dann setzen wir alles daran, uns um diese Person zu kümmern oder ihre Probleme unter allen Umständen zu lösen. Das führt nicht zu einem Gedanken wie »Jetzt tue ich dieser bestimmten Person einen Gefallen«. Dann sind wir so eins mit den anderen, dass es dasselbe ist, ob wir uns selbst etwas Gutes tun oder den anderen helfen. Der Buddha nannte eine Welt, in der diese Einstellung vorherrscht, *ahimsa,* Gewaltlosigkeit. Ahimsa ist das erste *shila.* Die fünf Shilas oder ethischen Grundregeln lauten: nicht töten (gewaltlos sein), nicht stehlen, keine sexuellen Aktivitäten, die jemandem Schaden zufügen könnten, nicht lügen, sich nicht betrinken (nicht die Klarheit der Sinne trüben).

Die Nächstenliebe gründet in der Liebe zu sich selbst, und die gehört zum Wesen des Menschen. Doch in letzter Konsequenz ist die Liebe zu sich selbst das Gleiche wie die Liebe zu den anderen. Es ist die Liebe, die niemals schwankt, was auch immer geschieht.

Im Dharma heißt sie auf Sanskrit *maitri-karuna,* auf Japanisch *jihi,* übersetzt »tätiges Mitgefühl oder »selbstlose, handelnde Liebe«.

Wenn man in buddhistischen Zusammenhängen das Wort »Liebe« hört, sind damit meist Leidenschaften gemeint, also Sex oder Begehren allgemein. Das japanische Jihi oder der Sanskrit-Begriff Maitri-Karuna dagegen bezeichnen die Liebe in Buddhas Sinn. Das bedeutet, aus einer selbstlosen Liebe heraus praktisch zu helfen oder zu unterstützen, einer Liebe, in der man Freud und Leid anderer teilt, als wäre es das eigene.

Katsuichiro Kamei (1907–1966) war ein berühmter japanischer Literaturkritiker. Er sagte einmal, viele Buddha-Statuen lächelten so, als würden sie gleich zu weinen beginnen. Der Buddha nimmt alle Nöte und Leiden der Lebewesen auf sich als seine eigenen. Sein Herz ist so angefüllt mit Tränen, dass er bis in alle Ewigkeit weinen könnte. Und sein liebevolles Lächeln entspringt seinem grenzenlosen Mitgefühl.

In Nara sah ich einmal eine Holzskulptur des großen chinesischen Mönchs Jianzhen, der 754 nach Japan kam, nachdem er es elf Jahre vergeblich versucht hatte. Die Statue beeindruckte mich tief. Auf den ersten Blick wirkte das Gesicht traurig, aber beim näheren Hinsehen lächelte es doch leise.

Der Haiku-Dichter Bashō (1644–1694) schrieb: »Ich will die Tränen deiner Augen trocknen, mit einem Blatt, das sich soeben erst entfaltet hat.« Beim Anblick dieser Figur erlebte ich, was diese Worte bedeuten. Ich weiß nicht, wie lange ich dort stand, ganz allein. Es gab nur diese Figur und mich, als wäre ich jenseits von Raum und Zeit. In diesem Augenblick spürte ich tief, was der Ausdruck »die Liebe Buddhas« eigentlich besagt. Man erzählt sich, der buddhistische Mönch und Dichter Ryōkan (1758–1831) habe durch und durch Buddhas Mitgefühl verkörpert. Er weinte, wenn ihm eine Kurtisane ihr Leid klagte, und er war restlos in das Spiel vertieft, wenn er mit den Kindern spielte. Was er tat, tat er absolut selbstvergessen. Ob beim Spielen oder beim Zuhören – er dachte dabei nicht bewusst so etwas wie, »ich« mache das jetzt. Das wäre nicht mehr das wahre Mitgefühl gewesen und auch nicht die Liebe Buddhas.

Der Wendepunkt in meinem Leben

Ich war sieben Jahre alt, als mein Vater starb; da war er zweiundfünfzig. Kurz vor meinem zweiundfünfzigsten Geburtstag dachte ich häufig über ihn nach. Kurz vor seinem Tode hatte mich mein Vater zu sich gerufen und mit tränenerstickter Stimme gesagt: »Ich war den größten Teil meines Lebens schwerbehindert und konnte deshalb keine spirituelle Praxis ausüben. Mein Leben neigt sich dem Ende zu. Manches hätte ich gerne getan, aber es war mir nicht vergönnt. Werde du Nonne und übernimm mein Teil der Dharma-Praxis mit.« Noch heute habe ich seine Stimme im Ohr. Mit sieben Jahren hatte ich natürlich keine Vorstellung von Dharma-Praxis oder gar vom Leben als Nonne, aber ich sagte im Brustton der Überzeugung: »Ich werde Nonne. Und als Nonne werde ich Vaters Teil mit übernehmen.«

Um diese Zeit lebte ich bereits seit zwei Jahren im Kloster Muryo in den Japanischen Alpen, wo meine Tante Äbtissin war. Mit fünf Jahren war ich dorthin gekommen, da meine Familie das gelobt hatte, als meine Mutter noch mit mir schwanger war. Mein Großvater väterlicherseits war schon fünfzehn Jahre tot, als ich auf die Welt kam. Er war ein führendes Mitglied der Sugendō gewesen, einer eklektizistischen buddhistischen Gruppe, die asketische Übungen pflegt. Mein Vater, sein Sohn, war dagegen kränklich und hatte nicht viele Kinder. Deshalb waren meine Eltern überrascht und überglücklich, als meine Mutter mit weit über vierzig Jahren noch einmal schwanger wurde. Um diese Zeit wurde geweissagt, ich würde Nonne werden und die Weissagung wurde dem Geist meines

Großvaters zugeschrieben. Kurz nach meiner Geburt gab es eine zweite Weissagung, ich würde in ein Kloster in den Japanischen Alpen eintreten, worüber meine Tante, die Nonne Shuzan, sehr glücklich war. Als ich fünf Jahre alt war, besuchte sie uns und nahm mich mit sich.

Mein Vater wurde schwer krank, als er Mitte Dreißig war. Seitdem hatte ihn meine Mutter gepflegt und alles alleine geschultert, was in Haus und Hof zu tun war. Wie muss ihr zumute gewesen sein, als sie ihre Kleinste hergeben musste, Weissagung hin oder her? Meine Mutter jedenfalls weinte ein Jahr lang im Verborgenen, nachdem ich das Elternhaus verlassen hatte. Am darauffolgenden 15. Januar, meinem sechsten Geburtstag, konnte sie es nicht mehr aushalten. Unter dem Vorwand, mir ein Geburtstagsgeschenk zu bringen, kam sie den weiten Weg zu unserem Kloster. Ich glaube, die einsame, verlassene Gestalt meiner Mutter schnitt Shuzan ins Herz. Jedenfalls forderte sie mich auf, ich solle hingehen und meine Mutter in die Arme nehmen. Ich tat es nicht. Ich ging einfach weg und spielte. Diese Begebenheit beschäftigte meine Mutter bis zu ihrem Tod mit achtzig Jahren. Später sagte sie einmal zu mir: »Wärst du ein kleines Tier gewesen, ein Kätzchen oder Hündchen, ich hätte dir einen Strick um den Hals gelegt und dich mit heimgenommen. Aber als ich sah, dass du nicht die geringsten Anstalten zum Mitgehen machtest, dämmerte mir der Ernst der Lage, und die volle Wahrheit drang in mein Herz: Ich hatte dich tatsächlich voll und ganz dem Buddha gegeben.« Sie weinte jedes Mal, wenn ihr das in den Sinn kam.

So wenig gemeinsame Zeit war meiner Mutter mit diesem Kind vergönnt. Und dennoch zog sie für mich Seidenraupen, spann die Seide und webte Tuch. Daraus nähte sie die gesamte Kleidung, die ich bis an mein Lebensende brauchen werde, einschließlich der liturgischen Gewänder, Überwürfe, Kimonos und Obis. So bin ich seit meinem fünften Lebensjahr ernsthaft den Buddha-Weg gegangen und seit Dutzenden von Jahren trage ich die Gewänder, die meine Mutter eigenhändig, hingebungsvoll und andächtig hergestellt hat, von der Seidenraupenzucht bis zum letzten Nadelstich.

Der Große Weg stand mir von Beginn an offen, ich konnte ihn beschreiten und bis heute darauf gehen. Viele suchen den Weg, aber nur wenige finden leicht den Zugang. Wenn ich mein eigenes Leben bedenke, so hat sich in diesem einen lebendigen Wesen gebündelt, was meine Eltern, Großeltern und viele Vorfahren gehofft, gebetet und geholfen haben. Das macht mich sehr glücklich. Dieses Dharmaband, dieses Geschenk des Buddha, darf ich niemals verspielen, das ist mir intensiv bewusst. Ich wünsche inständig, auch weiterhin in Einfachheit leben zu können, nach den Lehren des Buddha. Erst neuerdings ertappe ich mich bei der Frage an meinen Vater, der immer in meinem Herzen lebt: »Ist das genug, Vater? Habe ich tatsächlich dein Teil mitgetragen?«

VIERTES BUCH

FREI WERDEN

Alles wegwerfen

Es war in einem Zweigtempel von Eiheiji in Nagoya, am 9. November im 43. Jahr Showa japanischer Zeitrechnung (1968), einem Sonntag. Die Haupthalle war gerade prächtig neu gebaut worden, aber die Hütte dahinter schien mir weitab vom Staub dieser Welt. Aus dieser Hütte drang eine tiefe, volle Stimme und rezitierte ein Sutra. Dorthin wollte ich. Ich eilte durch den Buschklee und die wilden Chrysanthemen und trat ein. Das Zazen-Treffen bei Zen-Meister Ryoun Obora hatte gerade begonnen. Das bot er jeden Monat in seiner Hütte an, die aus einem einzigen Raum bestand. Damals war der Meister sechsundneunzig Jahre alt. Normalerweise ließ er bei diesen Treffen sein Bettzeug liegen, Futon und Decke, heute hatte er alles feinsäuberlich weggeräumt. Er trug seine Mönchsrobe und saß an einem *kotatsu*-Tisch, dem typisch japanischen Heizmöbel: Die Tischplatte liegt auf einem speziellen Ofen, ein dickes Tuch hängt auf den Boden und man sitzt mit gekreuzten Beinen unter diesem Tuch. Vor langer Zeit hatte er an mehreren Universitäten gelehrt. Solange eine Frau nicht Äbtissin werden konnte, war er außerdem Abt eines der drei Ausbildungsklöster für Sōtō-Priesterinnen gewesen, des Aichi Senmon Nisodo. Eine Gruppe Männer und Frauen im besten Alter saßen im Kreis um ihn herum und hielten die Hände in *gassho* [bei Gassho werden Handflächen und Finger gerade aneinandergelegt und vor die Brust gehalten]. Sie kamen seit Jahren, um seine Lehrreden zu hören, auch wenn sich Obora Roshi eigentlich schon längst zurückgezogen hatte. Alle hatten alte, abgewetzte Ausgaben des *Fukan Zazengi* von Dōgen Zenji vor sich liegen.

Ryoun Obora sagte: »Die Menschen fragen oft, wozu Zazen gut sein soll. Viele Leute üben Zazen, weil sie Buddha werden wollen. Aber Dōgen Zenji sagt: ›Hege niemals den Wunsch, ein Buddha zu werden. Zazen ist nichts, was man lernen könnte.‹ Das Wort ›lernen‹ setzt nämlich voraus, dass es definierbare Lernziele gibt. Dōgens Zazen ist aber gerade nicht so, dass es etwas zu erreichen gäbe, man erreicht kein Nirvana und wird kein Buddha. Sein Zazen ist weder gierig noch krämerhaft, mit Geben und Nehmen hat es nichts zu tun. Wie seht ihr euer Zazen? Manche von euch sitzen seit zwanzig oder dreißig Jahren. Habt ihr damit wirklich noch nichts erreichen wollen, kein Ziel? Bitte berichtet, wie ihr das seht.«

Der Meister hörte auf zu reden und schaute alle Anwesenden einzeln und fragend an. Er wirkte so riesig und furchterregend wie diese Figuren, die als Schutzwächter neben den Eingangstoren buddhistischer Tempel und Klöster stehen. Die Zazen-Übenden senkten den Blick und wirkten wie kleine Tiere, die von einem Löwen angestarrt werden. Obora fuhr fort: »Dōgen Zenjis Zazen ist nichts für Habgierige und Krämerseelen. Sein Zazen sucht gar nichts, im Gegenteil. Man wirft alles ab und lässt alles hinter sich.«

Sein Gesicht war wunderschön, wie er so lächelte und seine riesigen Händen bewegte, als würde er etwas wegwerfen. »Den Weg betrittst du in dem Augenblick, wo du alles wegwirfst und nach nichts mehr suchst, und dann geschieht es mühelos und ganz von selbst. Das ist Dōgens Zazen.«

Beim Anblick dieses schönen Lächelns fiel mir ein, wie ich ihn zwanzig Jahre zuvor das erste Mal getroffen hatte. Damals lebte ich im Ausbildungskloster und kam von dort aus ins Kloster Hoan-den Gokoku-in, das im Krieg nahezu zerstört worden und noch nicht wieder aufgebaut war. Dort lebte Ryoun Obora. Er kam aus einer heruntergekommenen Holzhütte und trug eine zerschlissene Mönchsrobe. Auf den ersten Blick wirkte er eher wie der Mönch, der für den Garten zuständig ist, tatsächlich war er schon damals ein bekannter Meister.

Sein schönes Gesicht erinnerte mich auch daran, dass man ihn bekniet hatte, sich für eines der Sōtō-Hauptklöster als Abt zur Verfügung zu stellen. Doch er hatte sich glatt geweigert. All das zog jetzt an meinem inneren Auge vorbei, und was ich sonst noch über wusste, auch. In diesem Augenblick begriff ich, welche unvergleichliche Kraft darin liegt, wenn man tut, was er fordert: alles wegwerfen.

Er sprach weiter über »Zazen hat nichts mit Lernen zu tun«, und dabei war er so lebendig, dass man an seinem hohen Alter durchaus hätte zweifeln können. Er sprach fast zwei Stunden. Dabei wurde mir bewusst, wie schön ein Mensch ist, der nach seinen buddhistischen Gelübden lebt, und welche fast übermenschlichen Kräfte er entwickelt.

Später fragte ich ihn nach dem Geheimnis seines hohen Alters. Er antwortete: »Bis auf den heutigen Tag habe ich ohne Ausnahme jeden Tag drei Mahlzeiten eingenommen. Das ist alles. Es ist nur scheinbar banal, aber in Wirklichkeit ist es überhaupt nicht so einfach; es hat einen tiefen Sinn.« Ich bat ihn, das genauer zu erläutern und er fuhr fort: »Wie die Menschen das verstehen, muss ihren Möglichkeiten entsprechen.« Das war nun wieder ein Koan. Denkt man genauer drüber nach, muss man allerdings zugeben, dass wir immer wieder einen Grund finden, warum wir eine Mahlzeit ausfallen lassen. Im Zen heißt das Frühstück *gyoshuku,* das bedeutet »den Weg der Reissuppe üben«, das Mittagessen heißt *gyohatsu,* übersetzt »den Weg der Essschalen üben«. Wir »üben« die Suppe, wir »üben« die Schalen. Essen ist Zazen, die Mahlzeiten sind Dharma-Praxis. Wenn wir das vergessen, wird Essen zu etwas Gewöhnlichem und in der Folge zu etwas, was man mögen kann oder auch nicht. Manche sind davon überzeugt, dass wir nur essen, um nicht zu verhungern. Wer so denkt, kann überhaupt nicht gesund essen. Das verhindert, dass Leib und Seele gut genährt sind.

So gesehen ist es fast unglaublich, dass jemand fast siebenundneunzig Jahre lang Tag für Tag ohne Ausnahme drei Mahlzeiten eingenommen hat.

Ich dachte gerade, dass er wohl allmählich müde würde und es an der Zeit wäre zu gehen, da streckte er sich bedächtig und sagte mit einer Stimme, die den Raum erschütterte: »Dōgen Zenji war groß, weil er Ruhm, Ehre und Besitz verweigerte. Als ihm der ehemalige Kaiser Gosaga (1220–72) die höchste buddhistische Ehrenrobe antrug, die Purpurrobe, die nur der Kaiser verleihen konnte, da weigerte sich Dōgen dreimal hintereinander, sie anzunehmen. Schließlich blieb ihm nichts anderes mehr übrig. Aus Anlass der Verleihung schrieb er ein Gedicht:

Weit ist das Tal von Eiheiji,
schwer ist des Kaisers Erlass.
Trüge ich alter Mann die Purpurrobe,
die Affen und Kraniche lachten mich aus.

Er verwahrte die Robe an einem Ehrenplatz in Eiheiji und trug sie kein einziges Mal.

Heutzutage gibt es zu viele in der Priesterschaft, denen es unter dem Deckmantel des Dharma zuallererst um sich geht, ihren Ruhm, ihre Stellung, ihr Vermögen. Das ist nicht gut für die Buddhas und Dharmavorfahren. Ich bin zu alt, ich kann nichts mehr tun. Ich kann nur noch euch Junge um Hilfe bitten. Bitte berichten Sie allen vom wahren Weg des Dharma, allen, die sich verlaufen haben.« Aus tiefstem Herzen klagte er über die Verfassung der modernen Gesellschaft im Allgemeinen und der Zen-Organisationen im Besonderen. Ganz offensichtlich schmerzte ihn das alles außerordentlich.

Ich nahm seine Bitte tiefbewegt und entschlossen auf. Er schenkte mir eine eigene Kalligrafie. Sie zeigte nur ein einziges chinesisches Schriftzeichen, nämlich »Kreis«, was immer ein Sinnbild für »vollkommen« ist. In meinem Herzen sprach ich ein Gebet für seine Gesundheit und ging dann auf der staubigen Straße in unser Kloster zurück. Es war später Nachmittag geworden.

Etwa einen Monat danach ist er verstorben.

Noch eine Begegnung mit ihm werde ich nie vergessen. Es war im Frühjahr, ich war achtzehn Jahre alt und im dritten Jahr im Ausbildungskloster. Eine Woche lang lebte ich als eine Art mithelfender Gast in einem Kloster, wo auch Taishun Sato als Zen-Meister tätig war. Dort fand die *jukai*-Zeremonie statt, in der junge Mönche und Nonnen ihre Ordensgelübde ablegen. Sato Roshi hielt die Ansprachen bei der Zeremonie und leitete das Shōsan, eine Art Disput, in dem die jungen Mönche und Nonnen dem Meister öffentlich Fragen zu bestimmten Punkten in Buddhas Lehre stellen. Doch an Shōsan war auch Zen-Meister Obora beteiligt. Sogar wir Jüngeren, die bei der Zeremonie nur assistierten, durften Fragen stellen. Ursprünglich war Shōsan als eine Frage-und-Antwort-Sitzung gedacht, in der es lebendig zugehen sollte und sogar hitzig werden durfte. Doch heutzutage ist es zu einem leeren Ritual abgesunken, das lediglich zur feierlichen Atmosphäre beiträgt. Bei diesem Shōsan hatte man uns Auszubildenden jeweils eine einzige Frage gestattet, weil der Meister schon so alt war und nicht überlastet werden sollte.

Das Shōsan fand in der Buddha-Halle statt. Laut und mit erhobener Stimme trugen alle ihre Fragen über das Dharma vor. Auch ich wollte eine Frage stellen, und zwar eine, die mich schon seit einiger Zeit intensiv beschäftigt hatte. Es ging um das Thema »Leben-und-Tod«. Da stand ich nun in der großen Buddha-Halle, die bis auf den letzten Platz mit Mönchen und Nonnen besetzt war. Ich kam mir vor, als hätte ich mich im Gebirge verirrt. Meine einzige Chance sah ich darin, mich vor Meister Obora niederzuwerfen, als gewöhnlicher, unsicherer Mensch, der sich total in den Fragen über »Leben-und-Tod« und »Irren-und-Erwachen« verheddert hatte [zwei grundlegende Termini in Dōgens Zen].

Ich stellte die Frage indirekt und zitierte die beiden ersten Phrasen aus einem Gedicht von Dōgen Zenji, das im *Eihei Kōroku* steht:

Diese Welt von Leben-und-Tod,
so flüchtig wie ziehende Wolken –
hochschätzen sollten wir sie.
Wege des Irrens gehen oder des Erwachens
beides geschieht nur im Traum.

Alle warteten gespannt, was Meister Obora antworten würde. Er sprach sehr leise, aber es war mucksmäuschenstill, so dass man ihn in der ganzen Halle hören konnte. Er antwortete mit einer Gegenfrage: »Was bedeutet der Satz: ›Leben-und-Tod ist Nirvana‹?«

Die Frage schwebte über mir. Jung wie ich war, fiel mir keine Antwort ein und deshalb blieb ich mit gesenktem Kopf wortlos vor ihm stehen. Da sagte er: »Übe die nächsten dreißig Jahre; dann komme wieder und frage noch einmal.«

Da schwor ich mir im Stillen, irgendwann nicht nur Buddhas Lehre ganz genau zu verstehen, sondern auch den Satz »Leben-und-Tod ist Nirvana«. Dann wollte ich Zen-Meister Obora wieder aufsuchen. Gleichzeitig überschlug ich im Kopf, wie alt er dreißig Jahre später sein würde. Immerhin war er zum Zeitpunkt dieser Begebenheit bereits achtundsiebzig. Dreißig Jahre später wäre er also einhundertacht. Ich fürchtete, dafür könnte dieses Leben dann doch nicht ausreichen.

Achtzehn Jahre lag diese Geschichte nun zurück. Glücklicherweise war Obora Roshi eine zähe Natur, jetzt war er sechsundneunzig. In den sechs oder sieben Jahren vor diesem Treffen hatte ich einmal im Monat in dem Kloster gelehrt, wo ich selber in Ausbildung gewesen war, ziemlich nah bei Meister Oboras Hütte. Allmählich verstand ich Dōgens Kapitel »Leben-und-Tod« [*shōji*] aus dem *Shōbōgenzō* immer besser. Doch was »Leben-und-Tod ist Nirvana« genau bedeuten sollte, war mir immer noch nicht richtig klar. Das ergründen zu wollen erschien mir immer noch so hoffnungslos wie die Idee, mich durch den Schuh hindurch an der Fußsohle zu kratzen. Wenn ich ihn besuchte, sprach ich mit ihm darüber, dass ich den Satz leider immer noch nicht restlos durchdrungen hatte. Schließlich wurde er zu seinem Vermächtnis für mich.

Als ich vor seiner Totentafel stand, überlegte ich, welche Totengabe für ihn angemessen wäre. Ich entschied mich für ein Gelübde. Ich gelobte, »Leben-und-Tod ist Nirvana« zum Leitspruch meines Lebens zu machen.

Wahres Zazen verfolgt keinen Zweck

Am 28. Februar im 41. Jahr Showa (1966) kam ich in der Abenddämmerung in Kyoto an. Es regnete. Da ich ausgetretene Holzsandalen trug und keinen Regenschirm dabei hatte, überlegte ich kurz, ob ich ein Taxi nehmen sollte. Ich wollte an einem intensiven Sesshin in einem Kloster teilnehmen, hatte aber keine Wegbeschreibung und wusste deshalb nicht genau, wie ich hinkommen sollte. Da ich fand, dass ich mich vor einem Sesshin nicht zu stark verwöhnen sollte, beschloss ich, den Weg auch so zu finden, und nahm den Bus.

Das Kloster Antaiji liegt in Shaka-taniguchi. Als wir dort ankamen, kam es mir so vor, als wären wir seit Stunden unterwegs gewesen. Alles war in tiefe Dunkelheit getaucht, nur an der Bushaltestelle gab es eine Straßenlaterne, eine einzige. Es regnete in Strömen, Berge und Häuser waren kaum mehr zu erkennen. Mit mir war eine junge Dame aus dem Bus gestiegen. Als ich sie fragte, ob sie das Antaiji kenne, zeigte sie auf ein Dickicht direkt vor meiner Nase. Ich hob den Saum meines Nonnengewandes hoch und rannte durch den Regen hin. Durch das Dickicht stapfte ich über den Weg, der zum Kloster führte und sich als steiniger Bergpfad herausstellte. Schließlich kam ich zu einer Art Eingangstor.

Gehörte das Tor zum Antaiji oder nicht? Ich war noch immer nicht sicher. Nach außen drang ein schwacher Lichtschein, in dem ich mich genauer umschauen konnte. Da konnte ich die Schriftzeichen lesen, die in eine große, verwitterte Holztafel geschnitzt waren: »Antaiji – das Kloster zum purpurroten Bambushain«. Geschafft, dachte ich, stieß die schwere äußere Türe auf und rief laut. Stille. Doch im Raum nebenan hörte ich menschliche Laute. Erst wollte ich die Tür einfach öffnen, doch dann bat ich lieber offiziell laut um Einlass. Glücklicherweise hatte ich die Türe nicht geöffnet – es war die Tür zum Bad, in dem sich gerade Mönche in Ausbildung wuschen. Eine Stimme sagte: »Schlagen Sie zweimal auf das Brett.«

Nur – wo war das Brett? In der großen Eingangshalle war es stockdunkel. Ich tastete mich an der Wand entlang, fand schließlich das Brett und schlug zweimal kräftig darauf, wie sie gesagt hatten. Das Brett war völlig abgenutzt, in der Mitte zerfasert und fast ausgehöhlt, und es klang merkwürdig hohl. Da erschien ein Mönch in Ausbildung und hinter ihm Kōshō Uchiyama Roshi persönlich. Er begrüßte mich: »Schön, dass Sie kommen, Aoyama-san. Bitte legen Sie Ihren Mantel ab und machen Sie es sich bequem.« Er begrüßte mich ohne Formalitäten und ich war froh, dass ich endlich am Ziel war. Dann ging ich mit zu seinen Räumen und dort erklärte er mir, wie das Sesshin ablaufen würde.

Am ersten März weckte mich der Klang der Tempelglocke. Barfuß lief ich über die langen, knarrenden Gänge in die Zazen-Halle. Kalte Luft zog durch die Ritzen zwischen den Bodendielen und schnitt mir in die Fußsohlen.

»Zazen-Halle« klingt beeindruckend, doch im Antaiji handelte es sich um einen eher schäbigen Raum. Wie in jeder Zen-Halle verlief an den Wänden ein erhöhtes Podest, auf dem fünfzehn Tatamis Platz fanden. An der Eingangstür hingen zwei schriftliche Hinweise: »Lasse die anderen in Ruhe. Alle widmen sich ihrer eigenen Übung.« und »Hier geschieht alles in Stille. Wir produzieren keine Töne, rezitieren keine Sutren und verzichten auf eine offizielle Begrüßung.« Am Abend zuvor hatte Uchiyama Roshi gesagt: »Sutren rezitieren würde unsere Konzentration stören und unsere Zazen-Übung unterbrechen, deshalb tun wir es nicht. In dieser Halle bedeutet Sesshin, dass wir fünf Tage lang so Zazen üben, als wäre es nur eine einzige Runde.«

Alle Teilnehmenden betraten die Zendo, setzten sich in Zazen-Haltung auf ihre Plätze und begannen in Stille zu üben. Das Papier-Rollo vor dem Eingang wurde heruntergelassen und das Zeichen zum Zazen-Beginn erklang. Ohne jede Zeremonie begann das Sesshin.

Die Halle war bitterkalt, ständig kam von überall eisiger Wind herein und blies mir unter die Kleider. Die klobigen Papierrollos an den Innenwänden sahen aus wie aus Packpapier und schlugen im Wind lautstark gegen die Wände. Nach jeweils fünfundfünfzig Minuten gab es fünf Minuten Pause, *chūkai*. In einer dieser Pausen traf ich eine Teilnehmerin auf der Toilette und sagte leise zu ihr: »Ganz schön kalt, nicht wahr?« Sie flüsterte zurück: »Oh, jetzt ist es schon recht angenehm. Vor einem Monat war noch alles offen und der Schnee fiel uns auf den Kopf.«

Am dritten Tag wurde ich krank, ich hatte mich erkältet, aber es kam überhaupt nicht in Frage aufzuhören. Schließlich hatte ich mir schon lange vorgenommen, ausgerechnet an diesem Sesshin teilzunehmen. Ich wollte die Erkältung so schnell wie möglich hinter mich bringen und die Leute um mich herum nicht mit Schniefen und Husten belästigen. Deshalb packte ich mich in so viele Lagen Gewänder, wie ich nur konnte, um die Erkältung hinauszuschwitzen, einschließlich Nacht-*yakuta*.

Uchiyama Roshi machte sich Sorgen um mich. Er und die Nonne, die Küchendienst hatte, versorgten mich mit Medizin. Nachts gaben sie mir eine Wärmflasche für die Füße. Ich war dankbar und fühlte mich gleichzeitig jämmerlich – womit hatte ich so viel Zuwendung verdient? Abgesehen davon nahm ich an, dass ich mir die Erkältung zugezogen hatte, weil ich unachtsam gewesen war. Aber ich machte weiter. Am Ende hatte ich keine einzige Runde Zazen versäumt.

Ein wenig schwierig war es mit dem Essen. Meister und Mönche waren ziemlich schnell damit fertig, so aßen sie wohl immer in den Zen-Klöstern für Männer. Jeder von ihnen ließ sich zwei Schalen Reis geben, trotzdem wirkten sie absolut nicht hastig beim Essen. Bei uns im Frauenkloster gehörte ich zu den schnellen Esserinnen, aber hier konnte ich nicht mithalten. Überdies gab es Naturreis, den ich bis dahin noch nie gegessen hatte. Als er das erste Mal aufgetragen wurde, verwechselte ich ihn mit *sakura-meshi,* wo dem Kochwasser für den Reis Sake und Sojasoße beigemischt wird. Sakura-meshi gehört zu meinen Leibspeisen und ich freute mich schon beim Austeilen darauf. Es war anders – das hier war Naturreis. Zögernd nahm ich einige Körner in den Mund. Der Naturreis war einwandfrei zubereitet, aber er ist härter als weißer, geschälter Reis, schmeckt nach Kleie und einige Spelzen waren auch noch dabei.

Ich schaute mich ein wenig um und sah alle anderen genüsslich kauen. Niemand sortierte die Spelzen aus. Deshalb bemühte ich mich auch, einfach zu essen. Das Gemüse war mit zwei Orangenscheiben samt Rinde dekoriert, und auch die wurden verzehrt. Wie immer im Zen war das Essen ohne Fleisch, nur die getrockneten Sardinen in der Misosuppe waren vom Tier. Alle waren rechtzeitig zum zweiten Servierdurchgang fertig, und das mühelos, nur ich nicht. Gefühlt konnte ich essen so viel ich wollte, meine erste Portion schien einfach nicht kleiner zu werden. Vielleicht hatte mir der junge Mönch die Schale zu wohlmeinend vollgepackt. Ich geriet in Hektik, schluckte alles fast unzerkaut hinunter, den Naturreis, die Orangenscheiben samt Schale und die getrockneten Sardinen samt Köpfen. Und trotzdem waren ich und ein weiterer Teilnehmer die letzten, die ihre Stäbchen weglegten, und der war Anfänger.

Beim Essen dachte ich an den buddhistischen Priester und Gelehrten Kazuyoshi Kino, der mir einige Zeit zuvor den Naturreis hatte nahebringen wollen. Ich hatte damals aus Angst vor Magenbeschwerden abgelehnt. Hier wurde mir schlagartig klar, dass das ein Fehler war. Kino hatte damals gesagt: »Wenn Sie etwas tun müssen, was Sie eigentlich nicht ausstehen können, dann denken Sie ›das mach' ich gern, das mach' ich gern‹.« Hier aßen alle den Naturreis mit Genuss, und nichts hinderte mich daran, dasselbe zu tun. So nahm ich mir vor, mich im Laufe dieser fünf Sesshin-Tage mit dem Naturreis anzufreunden.

In allen Klöstern gibt es normalerweise zwei Rituale vor den Mahlzeiten: Man rezitiert bestimmte Sutren, und man wickelt die eigenen Essschalen aus dem Einschlagtuch, in dem sie aufbewahrt werden. Beides machten wir hier nicht. Ansonsten war aber jede Sekunde des Tages genau geregelt. Einige Anfänger hatten Schwierigkeiten mit den Klosterregeln, manche kamen aus dem Ausland. Immer wieder dachten sie nicht daran, dass es sich um ein Schweige-Sesshin handelte und sprachen miteinander. Hätte ich das Sesshin geleitet, hätte ich sie um Ruhe gebeten, aber Uchiyama Roshi und die jungen Mönche taten so, als ob sie es nicht bemerkten. Später erklärte das der Meister so: »Es gehört zu unserer eigenen Zen-Übung, in einer solchen Situation gerade nichts zu sagen. Natürlich bist du immer versucht, direkt um Ruhe zu bitten – aber genau das wäre wirklich das Ende der Stille. Die Leute würden sich darauf konzentrieren, still zu sein. Aber wo wirklich Zazen geübt wird, ergibt sich die Stille allmählich ganz von selbst. Bis dahin muss man die Leute freundlich beim Zazen anleiten.«

Während des Sesshin wurde auch nicht so gründlich geputzt wie sonst. Die jungen Mönche hatten alles maximal vereinfacht, damit sich alle vollständig dem Zazen widmen konnten. Man kann zwar nicht fünf Tage lang ganz ohne Putzen auskommen, aber sie hatten es so organisiert, dass zwanzig Minuten Putzen nach dem Frühstück ausreichten. Dafür stellten sie täglich volle Putzeimer vor die Zendo. Alle, die nach Antaiji kommen, werden unterschiedslos als gleichwertige Übende betrachtet, auch Universitätsprofessoren oder Firmenchefs. Deshalb müssen alle ohne Ausnahme mitputzen. Also band man die Kleider hoch und wischte den Boden mit nassen Lappen, ohne ein Wort und extrem schnell. Nach dem Putzen eilten dann alle zurück in die Zen-Halle.

Dann erklang die Glocke, und das Zazen begann. Stunde um Stunde, ob die Dämmerung hereinbrach oder der Morgen heraufzog: Tag um Tag saßen wir alle wie »tumbe Toren« in einer stummen Welt. Der Meister hielt keinen Vortrag, niemand rezitierte Sutren, niemand ging mit dem *kyōsaku* herum (der Stock, mit dessen Schlag diejenigen geweckt werden, die am Wegdämmern sind), und der Meister sprach nicht einzeln mit den Übenden. Nichts, aber auch gar nichts lenkte einen ab, vor niemandem musste man sich produzieren, und der diensthabende Mönch ließ einen auch allein. Von Anfang bis Ende gab es nur eins: mit dem Gesicht zur Wand sitzen. Man konnte schlafen, so viel man wollte, kein Mensch tat einem den Gefallen und weckte einen auf.

Allerdings kann man gar nicht fünf Tage durchschlafen, die Augen öffnen sich auch ohne dein Zutun irgendwann. Dann stehst du dir unweigerlich selber gegenüber. Das war das allererste Mal, dass ich wahres Zazen erlebte. Wer Menschen dort hinführen möchte, muss das durch und durch freundlich tun. Niemand kann dir dabei helfen, dein eigenes Leben zu leben und erst recht kann es niemand an deiner Stelle tun. Du bist ohne Wenn und Aber auf dich allein gestellt. Hochkonzentriert und mit geradem Rücken sitzt du da und beschäftigst dich mit dir selbst, mit deinem eigenen Leben. Das Zazen in Antaiji ist das ideale Zazen für Menschen.

Kürzlich hörte ich von einem Mann, der eine Woche in einem Zen-Tempel gewesen war. Dieser Tempel ist berüchtigt für seine Umgangsformen, die man nur als grausam bezeichnen kann. Täglich war dieser Mann dort geschlagen worden, doch er war auch noch stolz darauf. Er brüstete sich damit, wie er morgens um drei Uhr geweckt und dann immer wieder geschlagen worden sei; wie seine Schultern angeschwollen und mehrfach Kyōsakus beim Zuschlagen zerbrochen seien, nicht nur bei ihm. Er erzählte, er sei bei jeder kleinsten Bewegung so angebrüllt worden, dass er jedes Mal zusammengefahren sei. Außerdem beschrieb er die letzte Mahlzeit bei diesem Sesshin. Da erschien der Tenzo, der verantwortliche, schon etwas ältere Koch, vor den Teilnehmenden, verbeugte sich tief und entschuldigte sich dafür, dass er in der vergangenen Woche die Misosuppe angeblich nicht ordentlich zubereitet habe.

Diese Art der Zazen-Anleitung ist verachtenswert. Ich finde es unsäglich traurig, wenn Mönche oder Laien brutale Methoden dieser Art mit wahrem Zazen verwechseln. Wer als Laie um zwei oder drei Uhr morgens geweckt wird, wer so geschlagen wird, dass der Kyōsaku zerbricht, und wer so angebrüllt wird, dass er zusammenzuckt, empfindet das als hart oder brutal. Vom Standpunkt des Zazen aus ist es allerdings ein bisschen anders; man kann es nämlich aushalten, und insofern ist es nicht extrem schwierig.

Wer dagegen vom Tagesanbruch bis in die tiefe Nacht allein auf sich selbst zurückgeworfen wird, hält es irgendwann kaum mehr aus und ruft »Schlag mich!« oder »Sag was!«. Der Mensch kommt absolut alleine mit sich selbst nicht ohne Weiteres zurecht. Doch heulen ist zwecklos. So ist das Leben. Nichts und niemand wird uns retten. Nichts und niemand atmet an unserer Stelle. Nichts und niemand wird an unserer Stelle krank. Wir alle müssen unser je eigenes Leben leben. Deshalb üben wir mit absoluter Entschlossenheit Zazen.

Der chinesische Chan-Meister Damei Fachang (752–824) zog sich dreißig Jahre lang ins tiefe Gebirge zurück und übte Zazen. Über Jahrzehnte beobachtete er Jahr für Jahr, wie sich die Berge im Frühjahr grün färbten und im Herbst rot. Er versuchte gar nicht erst, die Monate und Jahre zu zählen. In alten Zeiten übten die Menschen auf diese Weise Zazen. Wir Heutigen sind schwächlich und nicht so stabil und deshalb können wir nicht mehr so üben wie die Alten. Wir kommen gemeinsam in eine Zen-Halle, wo wir freundlich einen Platz zugewiesen bekommen. Dort können wir genauso Zazen sitzen wie allein unter einem Baum oder auf einem Felsen in einem abgelegenen Gebirgstal. Das ist das Zazen, wie es in Antaiji geübt wird: menschenfreundlich und menschengemäß.

Den Abschluss des fünftägigen Sesshin bildete dann doch ein Ritual. Die Papier-Rollos am Eingang zur Zendo wurden hochgezogen und wir gingen von der Halle zu den Räumen des Meisters.

Dort verbeugten wir uns alle tief und dankten ihm aus vollem Herzen. Dann begaben wir uns in die Küche und verbeugten uns in Dankbarkeit vor der alten Nonne, die als Tenzo für die Mahlzeiten verantwortlich gewesen war. Sie war – wie Uchiyama Roshi auch – Schülerin von Kōdō Sawaki Roshi und deshalb zur Unterstützung für dieses Sesshin gekommen. Bis dahin hatte ich viele sinnentleerte Rituale kennengelernt, doch hier verhalf mir jede scheinbare Kleinigkeit zu einer Erkenntnis. Jetzt wurde mir der eigentliche Sinn feierlicher Rituale klar. Fünf Tage hatten wir geschwiegen. Jetzt sprachen wir wieder. Und was waren unsere ersten Worte? »Ich danke Ihnen.« Diese Worte weckten in mir ein neues Verständnis der Sprache und eine neue Wertschätzung für sie.

Kurz danach wurden die Hölzer geschlagen und es gab Tee. Zum ersten Mal schaute ich mir die Personen genauer an, mit denen ich fünf Tage lang Zazen geübt hatte. Ich staunte, weil fast die Hälfte gar keine Japaner waren. Die meisten von ihnen hatten drei oder vier Jahre gespart, um für eine gewisse Zeit nach Japan gehen zu können. Sie suchten das wahre Zen, hatten bereits in mehreren Zen-Übungshallen gesessen und waren dann hierher gekommen. Hier hatten sie sich vorübergehend in der Nähe eingemietet. Sie kamen zu den Sesshin, die einmal monatlich stattfanden, aber auch zu den anderen Zazen-Übungszeiten und den Zen-Vorträgen. Neben mir in der Zendo hatte sich ein junges Paar beim Sitzen abgewechselt: Von vier Uhr morgens bis Mittag kam die Frau, von Mittag bis zum Schlafengehen der Mann. Als ich sie fragte, warum sie das so gemacht hatten, sagten sie: »Wir müssen ein kleines Kind versorgen, deshalb können wir nicht gleichzeitig weg.« Beide schienen sich wirklich dem Zen zu widmen.

Andere waren aus Kyushu, Shikoku, Niigata oder Tokio gekommen. Manche kamen jeden Monat. Ich hatte geglaubt, von weit her zu sein, aber jetzt stellte ich fest, dass ich fast am nächsten wohnte. Die japanischen Anwesenden spürten, dass sie es an Hingabe mit den Nicht-Japanern nicht aufnehmen konnten, die für ihren Japanaufenthalt alles aufgegeben hatten. Eigentlich hatte ich gedacht, ich hätte bereits vorher die bekannte Aussage verstanden, Entfernung sei kein Thema für den Geist, der nach dem Dharma sucht. Aber diesen Menschen verdanke ich neue Einsichten in diese Wahrheit.

Im Herbst zuvor hatte Uchiyama Roshi gesagt: »Wer wirklich geistig auf der Suche ist, braucht bloß nach Antaiji zu kommen.« Jetzt verstand ich mit dem Herzen, dass er dabei nicht übertrieben hatte. Es war so. Oft erfinden wir Ausreden dafür, dass wir nicht Zazen üben oder keine Vorträge über Zen hören können. Wir sind zu beschäftigt, oder die Entfernung ist zu groß. Aber das sind faule Ausreden. Bist du geistig wirklich auf der Suche, dann findest du auch für diese Dinge Zeit. »Keine Zeit« muss man in diesem Zusammenhang übersetzen mit »zu wenig Willensstärke«.

Uchiyama lächelte spitzbübisch: »Hier kommen viele Ausländer her, obwohl kein einziger Mönch in diesem Kloster Englisch spricht. Und zu allem Überfluss spreche ich nicht einmal Hochjapanisch, sondern den Dialekt von Tokio. Ich benutze manchmal Wörter, die in keinem Wörterbuch stehen. Wer nicht aus Japan kommt und mich verstehen will, hat es also ziemlich schwer hier.«

Und trotzdem kommen viele Ausländer nach Antaiji. Eine Frau, die auch dieses Fünf-Tage-Sesshin im Kloster mitgemacht hatte, sagte mir in gebrochenem Japanisch, sie halte das Zazen der Sōtō-Schule für schwieriger als das der Rinzai-Schule, weil im Sōtō-Zen das Sitzen selbst das Koan ist. Also scheinen die Nicht-Japaner doch das Wesentliche zu erfassen, auch wenn sie nicht jedes Wort von Uchiyama Roshi verstehen. Aber Worte und Verstand reichen sowieso nicht aus, wenn man Zen begreifen will.

Einer der Teilnehmer, es war wohl ein Anfänger, hatte während der langen Zazen-Perioden starke Schmerzen in den Knien gehabt, und alle hatten es gemerkt. Niemand hätte ihm zugetraut, dass er das Sesshin bis zum Schluss durchhalten würde, aber er schaffte es. Uchiyama Roshi wandte sich ihm zu und sagte lächelnd: »Sie sind wunderbar. Sie haben einen Preis verdient für Ihren Kampfgeist. Sie würden auch noch im Gefängnis zurechtkommen.« (Früher mussten die Gefangenen in Japan auf dem Boden sitzen). Dann wandte er sich der ganzen Gruppe zu und lachte: »Die Zazen-Übung hier in Antaiji verfolgt keinen Zweck, da könnte ihr noch so lange sitzen. Doch im Gefängnis käme sie euch sicherlich zugute.«

In der Welt des Zazen ist es so: Wir haben alles weggeworfen, alles, wonach wir uns sehnen, alles, wonach wir suchen und alles, was wir erwarten. Die Welt des Zazen ist jenseits von Gewinn und Verlust, sie ist sogar jenseits der Idee vom Erwachen. Wir tun nichts weiter als Sitzen und dabei werfen wir alle kleinlichen Neigungen weg. Das nennt Uchiyama Roshi »das Zazen, das keinen Zweck verfolgt«.

EPILOG

Anderen als Brücke dienen

Das *Hekigan-roku* [*Bi Yan Lu,* Die Niederschrift von der smaragdenen Felswand] ist eine Sammlung chinesischer Chan-Geschichten aus der Tang-Zeit (618–907). Einmal fiel mir ein Satz daraus ein und ich dachte darüber nach: »Eseln und Pferden hinüberhelfen«.

Nonnen in den Ausbildungsklöstern sind menschliche Wesen und können deshalb den rechten Weg aus dem Blick verlieren, und auch bei fertig ausgebildeten Nonnen finden sich die verschiedensten Charaktere. Meine Aufgabe ist es, ihnen allen als Brücke zu dienen, damit sie zum anderen Ufer des Flusses gelangen, wo die »andere« Welt liegt. Diese Wendung brachte mich dazu, über meine Berufung nachzudenken, und ich nahm sie mir sehr zu Herzen.

Einige Zeit später erfuhr ich, dass für den Neujahrsempfang der Dichter im kaiserlichen Palast diesmal das Thema »Brücke« ausgegeben worden war. Da fiel mir diese Wendung ein. Ich war zwar nicht zum Empfang geladen, aber ich schrieb ein Gedicht zum Thema »Brücke« und diesem Koan. Es lautet:

Eine Brücke möcht' ich sein,
für Esel und für Pferde.
Und brauch' doch selber Hilfe
beim Hinüberkommen.

Die Geschichte aus dem *Hekigan-roku* [Beispiel 52] geht so: Im China der Tang-Dynastie lebte der große Chan-Meister Zhaozhou (816–907). Vor seinem Kloster Kannon-In gab es eine Steinbrücke, über die man gehen musste, wenn man hineinkommen wollte. Man nannte sie »Zhaozhous Brücke«. Einmal kam ein Mönch und fragte: »Was ist Eure Brücke?« Er meinte damit natürlich nicht die Brücke vor dem Klostereingang, sondern Zhaozhous Übung des Buddha-Dharma. Zhaozhou antwortete: »Sie hilft Eseln und Pferden hinüber.«

Nicht nur gewöhnliche Esel können über die Brücke gehen und die andere Seite erreichen, sondern auch wertvolle Tiere wie Pferde. Eine Brücke unterscheidet nicht zwischen Freunden und Feinden, und auch nicht zwischen Heiligen und Schurken. Sie macht keine Auflage und hilft allen. Sie lässt alle hinüber, egal wie sie sich benehmen, auch wenn jemand sie mit Fußtritten traktiert oder darauf uriniert. Nur wenige empfinden Dankbarkeit, wenn sie darüber gehen. Selbstlos wünschte Zhaozhou allen Menschen, von diesem Ufer des Irrens und der Unwissenheit zum anderen Ufer zu gelangen, dem des Erwachtseins. Die Brücke ist ein wunderbares Symbol für seine eigene Übung und für die der großen Bodhisattvas.

Ich dachte über mich nach und musste zugeben, dass ich Menschen sehr wohl nach meinem Geschmack beurteile, dass ich durchaus einige für mittelmäßig oder flatterhaft halte. Pferden helfe ich gerne über die Brücke, Eseln nicht so gerne. Ich helfe den Leuten, die ich mag, doch was ist mit den Unsympathischen? Und ich unterscheide das nicht nur, ich hoffe auch noch, dass sich die Leute bedanken: danke, dass wir deine Brücke benutzen durften. In diesem Augenblick stelle ich Bedingungen. Mein Ich ist beleidigt, wenn jemand die Brücke anpinkelt; mein Ich denkt, so jemand bräuchte ich eigentlich gar nicht hinüberlassen.

Seit dieser Zeit ist der Satz »Eseln und Pferden hinüberhelfen« zu einer Art Sutra für mich geworden, das ich im Stillen rezitiere, wenn ich mit Übenden oder Gemeindemitgliedern zu tun habe. Doch eines Tages kam mir plötzlich: Brücke sein reicht gar nicht. Ich muss sowas wie ein Fährmann werden.

Wer sich auf die Brücke begibt, die man Buddha-Dharma nennt, weiß schon, dass das andere Ufer großartiger ist als unsere gewöhnliche Welt des Irrens. Er oder sie weiß auch, dass es die Brücke dorthin gibt, und wenn man hin will, muss man sie eben überqueren. Es gibt aber auch Menschen, und das sind nicht wenige, die auf dieser Seite des Flusses im Elend leben und nicht einmal ahnen, dass es die andere Seite überhaupt gibt. Außerdem haben viele zwar schon einmal von der anderen Seite gehört, wollen aber gar nicht hinüber, weil sie sich auf der hiesigen Seite durchaus wohlfühlen. Will man diesen Menschen etwas von der anderen Seite vermitteln und ihnen zeigen, wie großartig sie ist, will man in ihnen den Wunsch wecken, dorthin zu kommen, dann reicht es nicht aus, Brücke zu sein. Dann muss man mehr tun, dann muss man eine Fähre steuern. Als Fährmann muss man sehr menschenfreundlich sein und noch eine Zeitlang auf dieser Seite bleiben. Wir können die anderen nämlich nur retten, wenn wir sie zunächst dabei unterstützen, ihre unmittelbaren Bedürfnisse zu befriedigen, die nach Essen, Sicherheit, Anerkennung und Liebe. Dabei helfen wir und verweisen gleichzeitig auf die Dimension, die all das übersteigt. Wer buddhistische Nonne oder buddhistischer Mönch ist, muss dafür die Roben ablegen und sich in die Welt begeben – wir müssen mit den Menschen weinen, leiden und lachen. Dann erfahren die Leute ganz allmählich etwas vom Dharma, vom Wahren Weg, und sie fühlen sich angezogen davon. Die Bodhisattva Kannon in ihren dreiunddreißig Gestalten ist das Symbol dafür, sie symbolisiert gleichermaßen die praktische Hilfe und das Gelübde, sie zu leisten.

Im Kannon-Sutra heißt es: »Wo es auch immer sein mag – Kannon ist überall.« Ihr Wirken zeigt sich immer und an allen Orten. Haben wir unser geistiges Auge erst einmal geöffnet, dann betrachten wir alle Menschen als Verkörperung der Kannon, auch solche, die wir nicht so mögen. In diesem Fall zeigt sich Kannon eben in dieser Gestalt und wir erkennen, wie sehr wir uns vor allem selbst im Blick haben. Wenn wir scheitern, krank werden oder von unseren Lieben getrennt, zeigt uns der Buddha mit diesen Mitteln, dass wir lieber die Wahrheit des Lebens erkennen sollten, als ständig unseren Wünschen und Begierden hinterher zu rennen. Die Geschichten Buddhas haben nur den Zweck, uns zu unterstützen.

Als ich das verstanden hatte, wurde mir bewusst, dass meine Idee mit der Brücke, die anderen beim Hinüberkommen hilft, durchaus etwas Anmaßendes hat. Da verstand ich: es ist zwar eine schöne Idee, Brücke oder Fährperson zu sein. Aber im richtigen Leben bin ich diejenige, die ständig Hilfe beim Hinübergehen bekommt.

DIE GESCHICHTE DER ENGLISCHEN ÜBERSETZUNG

Es waren die turbulenten Zeiten an den US-Universitäten, als ich im Jahre 1959 in der Universitätsbuchhandlung Daisetz T. Suzukis *A Manual of Zen* entdeckte. Was ich in diesem Buch fand, führte mich schließlich nach Japan. Dreizehn Jahre lebte ich in Tokio, und die letzten drei davon ging ich jeden Morgen zum Zazen bei dem Kendō-Großmeister Ōmori Sōgen. Gleichzeitig kämpfte ich mich durch das alte Japanisch des *Rinzai Roku* (Die Aufzeichnungen des Meisters Rinzai). Dann wurde Roshi krank. Im Jahr 1978 fand ich dann meinen Lehrer, Noda Daito Roshi, der gerade dabei war, einen Zen-Tempel in den Bergen der Insel Shikoku zu gründen. Die Insel liegt auf der Höhe von Hiroshima gegenüber der japanischen Hauptinsel Honshu und sie ist berühmt für ihren 1200 Jahre alten Shikoku-Pilgerweg, der 88 Shingon-Tempel verbindet.

Ein Jahr darauf starb mein kleiner Cousin noch im Babyalter. Als mein erster Lehrer das erfuhr, schickte er mich zu Fuß ins Aichi Semmon Nisodo nach Nagoya. Das Nisodo ist ein Sōtō-Zentrum für Frauen und der Ausbildungsort, wo ich schließlich als Zen-Lehrerin bestätigt wurde. Dort war es, wo ich Aoyama Roshi zum ersten Mal traf.

Ich schlief über dem kleinen Büro der Äbtissin Aoyama Roshi. Bis spät in die Nacht leuchtete ihre Schreibtischlampe in den Garten. Da ich ungefähr die Langsamste von allen war, beschloss ich, jede Nacht so lange zu studieren, bis Aoyama Roshis Lampe erlosch.

Mein Sitzplatz beim Zazen im Nisodo war zwischen zwei sehr jungen Mädchen. Schon bald war mir aufgefallen, dass diese beiden sich immer wieder bewegten oder gar zusammensackten. Nach einiger Zeit erzählte ich das Aoyama Roshi. Da sagte sie: »Du sitzt genau zwischen ihnen. Wenn du dich anstrengst, könntest du damit auch diese beiden in ihrer Praxis unterstützen. Glaubst du nicht, dass sie Liebe brauchen, wenn sie so kämpfen? Bitte, sitze für sie mit.« Ich schämte mich in Grund und Boden. Ich hatte keine Ahnung, warum sie in so früher Jugend hierher gekommen waren. Damals wusste ich noch nicht, dass Aoyama Roshi selbst auch mit fünfzehn begonnen hatte. Ich bedauerte zutiefst, wie falsch ich die Sache gesehen hatte.

Wir *unsui* [das bedeutet „Wolken und Wasser" und bezeichnet den Klosternachwuchs] wohnten in einem wunderschönen kleinen Schlafsaal aus der Meiji-Zeit. Der aber wurde abgerissen und ein größerer und modernerer sollte gebaut werden. Das war keine schöne Aussicht. Wir Unsui waren doppelt so viele Frauen wie die fortgeschritteneren Nonnen, insofern wohnten wir ziemlich beengt. Für das folgende Jahr waren noch mehr Unsui angemeldet. So füllte sich der anfangs urtümliche Raum mit Sprechgewirr und Baustaub, der bei Regen einfach zu Dreck wurde. Die Wäsche hängten wir im Keller auf. Das gab natürlich manchmal Anlass zu Ärger oder Frustration. Doch Aoyama Roshi wurde niemals laut, im Gegenteil, sie sprach dann leiser und artikulierte besonders genau. So wäre ich auch gerne gewesen.

Die lange Bauzeit schlug sich bei uns allen aufs Gemüt und auf die Gesundheit. Ich benötigte sogar eine Bluttransfusion. Durch eine Empfehlung konnte ich übergangsweise in eine Klause außerhalb Tokios ziehen, die zu einem Tempel der Schule des »Reinen Landes« gehörte. Es war sehr schön für mich, wie sich in dieser Laientradition die Familien warmherzig um die Gemeindemitglieder kümmern.

Bevor ich dorthin umzog, rief mich Aoyama Roshi in ihr Zimmer. Sie schob mir einen kleinen Bücherstapel zu und sagte: »Dai-En-san, du wirst dich erholen. In dieser Zeit könntest du mein Buch übersetzen und Dōgen Zenjis Lehren besser kennenlernen. Komm zu uns, wenn wir Sesshin haben. Bring dann alle Fragen mit, die dir zu der Übersetzung einfallen. Und gehe morgens auf Almosengang.«

Unter meinem pilzförmigen Hut konnte ich die Leute beobachten, wie sie ehrfürchtig ihr Dana gaben: Eine gelochte Kupfermünze, die aus der kleinen Kinderfaust in meine Schale fiel, als sich ein Kind vom Rücken seiner Mutter zu mir herunterbeugte. Wie sich die Sonne in der Silbermünze spiegelte, die der Schuhputzer von der Straßenecke in den schwarzen Fingern hielt. Den Kranz aus ungeschälten Erdnüssen, die ein Bauer direkt vom Feld mitgebracht hatte. Zwei Köpfe verbeugen sich voreinander – und bleiben so lange gebeugt, bis ich das alte Dank-*gatha* gesprochen habe.

Nach 700 Tagen konnte ich die englische Übersetzung von *Zen Seeds* dem Verlag übergeben. Ich war wieder gesund und ins Nisodo zurückgekehrt. Ich hatte den Eindruck, jetzt die Fragen von Frauen anders zu verstehen. Ich stellte fest, dass ich solche Fragen früher rein kognitiv beantwortet hatte. Doch meine Krankheit und die Tatsache, dass ich Aoyama Roshis Texte übersetzt hatte, hatten etwas verändert. Antworten tauchten auf, die mir vorher nicht eingefallen wären, und sie kamen aus dem Herzen.

Mein Hauptlehrer hatte mir einmal eine Kalligrafie gemalt mit dem Titel »Des Teufels Hand, des Buddhas Herz«. Das hatte mich immer verwirrt – bis ich mich von der Fehlernährung erholt hatte. Es gibt die Lehre: »Schlechtes ergibt sich aus nicht-schlechten Elementen. Gutes ergibt sich aus nicht-guten Elementen.« Heißt unsere Übung nicht, Kompost in Blumen zu verwandeln, den »Kreis« zu vervollständigen? Genau das – Kreis – bedeutet mein Dharma-Name. Wir können nichts aus unserem Leben oder unserer Praxis hinauswerfen. Aoyama Roshi hatte dieser langsamen Person die Zeit gegeben, so lange zu reifen, bis sie klar sah, sodass sie schließlich andere lehren konnte.

Am Morgen vor der feierlichen Eröffnung des neuen Wohngebäudes saßen wir auf unseren Kissen, als Aoyama Roshi leise hinter uns entlangging und vor dem Zazen unsere Sitzhaltung überprüfte. An diesem Morgen ging sie anders als sonst. Sie hatte geweint. Sie war so traurig, was sie uns alles hatte zumuten müssen. Endlich war das große Projekt vollendet.

Später kam Yuko Wakayama, eine Schülerin Aoyama Roshis, für drei Jahre zum Training in den Tempel, den ich in den USA gegründet hatte. Danach ging sie eine Weile nach Europa. Heute lehrt sie im Nisodo und in Eiheiji, dem Kloster, das Eihei Dōgen im 13. Jahrhundert gegründet hat. Erst kürzlich sprach sie beim Eiheiji-Sesshin für die europäischen Mönche und Nonnen. Und in den Vereinigten Staaten schreiben Priesterinnen heute selbst Bücher über Dōgens Schriften, wie Aoyama Roshi.

Zen Seeds wurde aus dem Englischen in acht Sprachen übersetzt, einschließlich Thai. Seitdem kamen immer mehr Zen-Übende aus anderen Ländern ins Nisodo – aus Brasilien, Kolumbien, Frankreich, Spanien, Belgien, Deutschland und sonst woher. Ich konnte ihnen helfen, als ich in Japan war und das *shike*-Training machte, das Aoyama Roshi empfiehlt: »Die Lehrenden lehren«.

Als ich Aoyama Roshi in der Lehre assistierte, sagte sie einmal, dass die Unsui im Zweiten Weltkrieg wegen der schlechten Versorgung betteln gehen mussten und dass sich immer zwei Unsui ein Futon teilen mussten. Dabei fiel mir rückblickend auf, dass sie niemals ein Wort über den Krieg mit Amerika verloren hatte, als ich im Nisodo lebte. Ich erkannte, dass sie mir als Amerikanerin das ganz gezielt erspart hatte, solange ich noch am Lernen und damit verletzlich war. Das bewegte mich sehr. So lernte ich von ihr, keinen Vorteil zu erschleichen.

Aoyama Roshi leitet die Shike-Trainings für die gesamte Sōtō-Schule. Kürzlich lud sie die männlichen Teilnehmer dieses Trainings ein, an einem Sesshin im Nisodo teilzunehmen, mit all den weiblichen Unsui und Zen-Priesterinnen. Sie schreibt weiterhin Bücher für Frauen im Sōtō-Zen Japans über die Lehren Buddhas und Dōgens, inzwischen sind es mehr als 50. Sie ist wirklich außerordentlich. In der Welt des Zen sticht sie hervor als vollendete Übende und Lehrerin. Als solche hat sie nicht nur den Weg für ganze Generationen von Sōtō-Nonnen gebahnt, sondern auch die Praxis für alle abgerundet – für Frauen und Männer, für Menschen in den Klöstern und Menschen in der Welt.

Als ich Japan 1991 verließ, sagte Aoyama Roshi: »Dai-En-san, wir werden gelebt. Wir werden von Buddha mit so viel Hilfe beschenkt. Etwas davon müssen wir zurückgeben.« So nehme ich mir Aoyama Roshi im Alltag zum Beispiel. Ich wünsche mir, dass Ihnen die Weisheit und Freundlichkeit dieser Seiten helfen und dass Sie diese an alle Menschen weitergeben können, die Ihnen begegnen.

Patricia Dai-En Bennage

SHUNDŌ AOYAMA AUF DEUTSCH

Der Film spielt in Tokio, und das ist kein Zufall: Bei *Lost in Translation – Zwischen den Welten* von Sofia Coppola geht es – zumindest auch – darum, wie man in einer Stadt zurechtkommt, in der man sich weder verständlich machen noch die aktuelle Umgebung verstehen kann, die Sprache nicht, das Verhalten nicht und alle möglichen anderen Indikatoren auch nicht. Wer aus dem europäischen Kulturkreis kommt und sich ohne Japanisch-Kenntnisse nach Tokio oder anderswohin in Japan begibt, kann sich tatsächlich ziemlich schnell »verloren« fühlen, sprachlich und auch ganz allgemein kulturell. Die inzwischen üblichen elektronischen Übersetzungsprogramme helfen zwar, doch sie bleiben notwendig an der Oberfläche.

Deshalb gibt es gute Gründe, wenn japanische Belletristik heute in der Regel von Japanologen und Japanologinnen übersetzt wird. Gleichzeitig kann es für andere Texte auch gute Gründe geben, eine Zwischenstufe zu akzeptieren, etwa eine von japanischer Seite autorisierte englische Version. Das war vor 25 Jahren bei Shundō Aoyamas Buch *Utsukushii hito ni* der Fall. Tatsächlich gibt es diverse Hindernisse, die man bei Zweit- oder gar Drittübersetzungen einkalkulieren muss. Das erste ist das »Stille-Post-Phänomen«, das wir schon in einer einzigen Sprache kennen. Das zweite ist die Interpretation, die jeder Übersetzung innewohnen muss, weshalb mehrstufige Übersetzungen auch zu ernsthaften inhaltlichen Abweichungen führen können. Zu den berühmtesten Beispielen zählt sicherlich »Wanderers Nachtlied« von Johann Wolfgang von Goethe, das 1902 ins Japanische und später auf dem Umweg über mehrere andere Sprachen wieder ins Deutsche übersetzt worden sein soll. Bei dieser Rückkehr ins Deutsche beginnt das Gedicht nicht im Wald mit seinen Wipfeln, sondern in einem Pavillon aus Jade, und die vielzitierte Zeile »die Vöglein schweigen im Walde« heißt plötzlich: »Krähen fliegen stumm«.

Dennoch war es vor 25 Jahren praktisch nicht möglich, Aoyama Roshis *Utsukushii hito ni* direkt aus dem Japanischen zu übertragen. Deshalb war es wunderbar, dass seit 1990 Patricia Dai-En Bennages englische Fassung vorlag, die dann in verschiedene andere Sprachen übersetzt werden konnte und auch wurde. Wie Dai En Roshi in ihrem Kommentar zur englischen Fassung schreibt, hatte Aoyama Roshi sie persönlich damit beauftragt, den Text ins Englische zu bringen, die dann im Kosei Verlag in Tokio gedruckt wurde.

Als wir im Jahr 1993 das Sōtō-Zen-Ausbildungskloster Aichi Senmon Nisodo in Nagoya besuchten, empfing uns Aoyama Roshi genau mit der umwerfenden Offenheit und Freundlichkeit, für die sie überall gepriesen wird. Ausdrücklich ermunterte sie mich damals, ihr Buch direkt aus der englischen Fassung zu übertragen. Gleichzeitig schenkte mir die Autorin aber auch die japanische Ausgabe, damit ich die Möglichkeit hätte, zumindest einzelne Sätze oder Wörter nachzuprüfen. Dieses japanische Original zog ich während der Übersetzung immer wieder zurate, um den Hindernissen der Zweitübertragung etwas entgegenzusetzen, auch wenn das angesichts meiner überschaubaren Japanisch-Kenntnisse nur punktuell möglich war.

Als zweite zusätzliche Quelle nutzte ich die italienische Fassung von Donatella Trotta, die mit Nobuko Kusakai eine japanische Muttersprachlerin an der Seite hatte. Beides zusammen führte dazu, dass meine Übersetzung gelegentlich von der englischen Fassung abwich. Am deutlichsten ins Auge springt dabei sicher, dass die Kapitel wie im Japanischen in vier »Bücher« eingeteilt waren.

Shundō Aoyama Roshi ist seit Jahrzehnten nicht nur die höchstrangige Äbtissin der japanischen Sōtō-Zen-Schule, die im Laufe der Jahre mit immer mehr weiteren Funktionen betraut wurde. Sie ist auch Meisterin des Teewegs (Chadō), des Pinselwegs (Kalligrafie - Shodō) und des Blumenwegs (Ikebana). Ebenfalls seit Jahrzehnten ist sie in ganz Japan als Dichterin und Autorin bekannt sowie aus Live-Auftritten in Radio und Fernsehen. An genau diese normalen japanischen Zuhörer, Zuschauerinnen und Lesenden wandte sie sich 1983 in ihrem Buch *Utsukushii hito ni.*

In den kurzen und längeren Texten dieses Buches verpackt Aoyama Roshi klassische Lehren des Zen und des Buddhismus allgemein in Geschichten aus ihrem eigenen Leben als Äbtissin, als Lehrerin für Blumenstecken oder Teezeremonie und als Zen-Meisterin. An vielen Stellen geht außerdem ganz selbstverständlich eine umfassende japanische Bildung mit ein, die uns in Europa naturgemäß nicht allgemein zur Verfügung steht. Es wäre eine eigene philologische Aufgabe gewesen, alle Anspielungen zu erläutern, aber das ist nicht die Intention des Buches. Dai-En Bennage hat an einigen Stellen in Klammern Informationen ergänzt. Einige weitere Ergänzungen in Klammern stammen von mir, insbesondere Lebensdaten zitierter Persönlichkeiten.

Der japanische Titel dieses Buches bedeutet wörtlich übersetzt *Auf dem Weg zum schönen Menschen;* das ist die originale Überschrift des ersten Kapitel in Buch Eins. Der Titel des Prologs wurde zum Titel der italienischen Ausgabe *La voce del fiume.* In der deutschen Ausgabe wurde daraus *Das Rauschen des Baches,* es geht nämlich darum, wie es klingt, wenn ein Bach durch ein Gebirgstal rauscht, und wann man was davon hört. Der Titel zitiert den ersten Teil einer Kapitelüberschrift aus Dōgen Zenjis Hauptwerk *Shōbōgenzō,* nämlich *Keisei* [vollständig: *Keisei san shiki* – in der Übersetzung von Ritsunen Gabriele Linnebach »Die Stimme des Tals und die Form der Berge«] – und insofern ist es tatsächlich eine Art Programmatik. Für die erste deutsche Ausgabe hatten wir 1995 einen anderen Kapiteltitel für das ganze Buch geborgt, nämlich *Pflaumenblüten im Schnee,* auch er ein Verweis auf die japanische Literaturgeschichte.

Lange war das Buch auf Deutsch vergriffen. Seit Kurzem besitzt Shambhala Publications die Weltrechte für die englische Fassung. Dort hat Patricia Dai-En Bennage, später selbst Äbtissin ihres Sōtō-Tempels Mount Equity in Pennsylvania westlich von New

York, erstmals aufgeschrieben, wie es zu dieser englischen Version überhaupt kam. Es freut mich sehr, dass der Theseus Verlag das Buch jetzt mitsamt dieser Geschichte neu herausbringt und danke Dai-En Bennage für ihre Antworten auf meine Fragen dazu. Für diese Neuausgabe wurde auch der deutsche Titel geändert.

Da Übersetzungen bekanntlich schneller in die Jahre kommen als Originaltexte, habe ich das ganze Buch von Grund auf überarbeitet. Intensiver als vor 25 Jahren habe ich dabei ergänzend die italienische Fassung sowie das japanische Original benutzt. Letzteres war nur möglich, weil mich Asui Genpo Christoph Hahn dabei unterstützte, dem ich dafür herzlich danke. Er hat viele Stellen mit dem japanischen Original abgeglichen, vor allem diejenigen, wo Shundō Aoyama über Dōgen Zenji schreibt oder ihn zitiert. Immerhin ist Eihei Dōgen, der im 13. Jahrhundert die japanische Sōtō-Zen-Schule gründete und als einer der profiliertesten Denker Japans überhaupt gilt, im deutschen Sprachraum inzwischen sehr viel umfassender rezipiert als vor einem Vierteljahrhundert.

Dōgen-Zitate aus dem *Shōbōgenzō Zuimonki* stammen aus der deutschen Fassung im Kristkeitz-Verlag. Die beruht auf der englischen Version von Shohaku Okumura Roshi, einem Dharmanachfolger von Uchiyama Roshi, der auch ein wichtiger Lehrer Aoyama Roshis war. Die Zitate aus dem Kapitel *Genjōkōan* des *Shōbōgenzō* sind eine Mischung aus vier deutschen Fassungen: von Professor Rolf Elberfeld, von Muhō Nölke, dem aktuellen Abt des Antaiji [zum Antaiji siehe das Kapitel »Wahres Zazen verfolgt keinen Zweck«], von Shohaku Okumura und Ritsunen Gabriele Linnebach sowie von Christian Steineck.

Aoyama Roshi zitiert viele japanische Gedichte, Geschichten und andere Texte, aber auch mehrfach das *Dhammapada,* einen der grundlegenden Pali-Texte des frühen Buddhismus. Diese Zitate sind mit einer Ausnahme (Vers 50 Nyanatiloka-Fassung) keiner klassischen deutschen Pali-Übersetzung entnommen, sondern direkt übersetzt, einschließlich der *Dhammapada*-Zeilen im ursprünglich französischen Geleitwort von Jikō Roshi.

Editorisch habe ich alle chinesischen Namen in die heute übliche Pinyin-Umschrift gebracht, wenn auch ohne die diakritischen (Töne)-Zeichen. Japanische und Sanskrit-Wörter folgen der offiziellen lateinischen Umschrift mit diakritischen Zeichen, mit Ausnahme geographischer Namen und solcher Begriffe, die inzwischen hier sowieso bekannt sind, wie etwa Roshi oder Koan. Die Nachsilbe -ji heißt auf Japanisch Kloster oder Tempel, ein Name wie »Antai-ji« müsste also korrekt entweder ohne Zusatz stehen oder mit »Kloster Antai« übersetzt werden. Nachdem der Name aber meist samt dem -ji eingeführt ist, habe ich trotzdem gelegentlich »Kloster Antaiji« (bzw. ein anderer Name) geschrieben. Japanische Ohren mögen mir das verzeihen. Die alten und zeitgenössischen Meister heißen Zen-Meister, falls sie aus Japan stammen, und Chan-Meister, falls sie aus China stammen, auch wenn nicht nur Dōgen, sondern auch viele andere mal hier, mal dort lebten.

Ganz besonders freut es mich, dass die Schweizer Äbtissin Jikō Simone Wolf das Geleitwort geschrieben hat. Ihr Sōtō-Zen-Tempel in der französischen Schweiz heißt in voller Länge *Ryokuinzan Kōsetsuji,* auf Deutsch etwa »Tempel zum glitzernden Schnee im Schatten des grünen Berges«, und gehört zur europaweiten Association Zen Internationale, AZI. Äbtissin Jikō Roshi ist selbst eine große Zen-Meisterin und kennt Aoyama Roshi persönlich. Ich danke ihr sehr für ihr Geleitwort, das für mich dieses japanische Buch in deutscher Sprache nicht nur ein wenig gesamt-europäisch macht, sondern auch in ganz lebendiger Weise zeigt, dass die kulturellen Differenzen auf dieser unserer gemeinsamen Erde uns alle bereichern und genau damit jederzeit selbst Brücken schlagen können.

München, im Herbst 2020
Barbara Knab

Übertragen aus dem Englischen unter Heranziehung des japanischen Originaltextes *Utsukushiki hito ni* von Barbara Knab. Die englische Ausgabe erschien 1990 unter dem Titel *Zen Seeds: Reflections of a Female Priest* bei Kosei Publishing Co., Tokio. This translation is published by arrangement with Shambhala Publications, Inc., Boulder.

Programmleitung: Susanne Klein, Hamburg, www.kleinebrise.net
Gesamtgestaltung und Satz: Tina Agard Grafik & Buchdesign, www.tina-agard.de
Umschlag unter Verwendung einer Illustration © Adobe Stock/ marinakutukova
Wir danken den Verlagen Jhana und Suhrkamp für ihre freundliche Genehmigung zum Abdruck von:
Vers 50 aus Dhammapada – Des Buddhas Weg zur Weisheit. Aus dem Pali übersetzt vom Ehrw. Nyanatiloka, Jhana Verlag 1992;
»Wandern ohne Ziel ist Jugendlust«, aus: Hermann Hesse, Sämtliche Werke in 20 Bänden. Herausgegeben von Volker Michels. Band 10: Die Gedichte. © Suhrkamp Verlag Frankfurt am Main 2002. Alle Rechte bei und vorbehalten durch Suhrkamp Verlag Berlin.
Druck und Verarbeitung: Westermann Druck Zwickau GmbH

1. Auflage 2021

Bibliografische Information der Deutschen Nationalbibliothek:
Die Deutsche Nationalbibliothek verzeichnet diese Publikation in der Deutschen Nationalbibliografie; detaillierte bibliografische Daten sind im Internet über http://dnb.de abrufbar

ISBN Printausgabe 978-3-95883-497-2
ISBN E-Book 978-3-95883-498-9

Mit Liebe zum Detail und für die Umwelt

Die Übernahme von sozialer und nachhaltiger Verantwortung ist in unserem Denken und Handeln fest verankert. Daher achten wir bei der Auswahl unserer Inhalte auf Kompetenz, Relevanz, Professionalität und Qualität. So können wir mit Herz und Seele hinter unseren Büchern, Hörbüchern und Online-Angeboten stehen, die wir mit viel Liebe und Achtsamkeit bis ins letzte Detail fertigen.

Außerdem leisten wir einen aktiven Beitrag zum Umweltschutz und verbrauchen nur wirklich notwendige Ressourcen. Wir drucken überwiegend auf 100% Recyclingpapier und produzieren unsere Titel klimaneutral. Über 90% unserer Fertigung findet in Deutschland statt, so haben wir kurze Transportwege und unterstützen die lokale Wirtschaft.

Inspirationen, interessante und wertvolle Neuigkeiten, Wahres, Schönes & Gutes können Sie regelmäßig in unserem Newsletter erfahren oder auf unseren Social Media Accounts:
Hier kommen Sie zu unserer Newsletteranmeldung:
www.kamphausen.media/ueber-uns/newsletter
Hier können Sie uns auf Facebook folgen: www.facebook.com/weltinnenraum
Hier finden Sie uns auf Instagram: www.instagram.com/kamphausen.media

Ihr Kamphausen Media-Team